COLLECTION

D. SCHÉVITCH

CONDITIONS DE LA VENTE

Elle sera faite au comptant.

Les acquéreurs payeront *dix pour cent* en sus des enchères.

Le titre des métaux précieux n'est pas garanti.

L'exposition mettant le public à même de se rendre compte de la nature et de l'état des objets, aucune réclamation ne sera admise une fois l'adjudication prononcée.

Collection DMITRI SCHÉVITCH

OBJETS D'ART
et Peintures
DU JAPON ET DE LA CHINE

Sculptures. Laques. Inro.
Céramique. Bronzes. Objets en fer. Cloisonnés. Objets en argent.
Étoffes. Peintures

DONT LA VENTE AURA LIEU A PARIS

Hôtel Drouot, salle n° 11

Les 22, 23, 24 mai 1905

Commissaire-Priseur : Me LAIR-DUBREUIL, 6, rue de Hanovre.

Expert : M. S. BING, 10, rue Saint-Georges.

EXPOSITIONS :

PARTICULIÈRE : Le 20 mai 1905 } à l'HOTEL DROUOT,
PUBLIQUE : Le 21 mai 1905 } salle n° 11.

De 2 heures à 5 heures et demie.

LA COLLECTION SCHEVITCH

La sélection d'objets d'art d'Extrême-Orient que nous présentons au public est l'œuvre d'un esprit délicat et cultivé, sensible à toutes les manifestations de la beauté, sous ses formes les plus variées. Servi par sa haute situation diplomatique à la cour du Mikado, avant l'année 1890, il fut loisible à M. Dmitri Schévitch de se livrer, durant les six années de son séjour au Japon, aux ardeurs d'un éclectisme avisé, se sentant non moins ému devant la grâce mystique de l'art bouddhique que charmé par la grâce plus familière des élégants ouvrages de laque ou d'orfèvrerie : aucune branche des multiples achèvements de la culture extrême-orientale ne l'a laissé indifférent et, avec une rare souplesse d'adaptation, M. Schévitch s'est complu à passer, par exemple, de l'amour pour la sévérité robuste des céramiques de la Chine antique aux délicatesses ultra-raffinées des Satsuma XVIIIe siècle. Ce n'est pas à dire, toutefois, qu'en dépit de son caractère universel, cette collection ne révèle pas un goût plus accentué pour certaines catégories d'objets : tel le groupe tout à fait remarquable des porcelaines céladon, où, en spécimens remontant au XIe ou XIIe siècle, se retrouve l'équivalent et jusqu'à la forme exacte des vieilles coupes *Kioun-Yao* et encore la rare série des bols *Temmokou* aux émaux somptueux. Les bois sculptés, parmi lesquels, entre autres, un Amida du plus beau style hiératique, deux statues de Bodhisatwa d'élégante allure, une charmante effigie de Daï Nitchi, semblent aussi avoir exercé sur l'esprit de M. Schévitch une fascination particulière. Et, d'autre part, sa curiosité des techniques et des habiletés manuelles les plus subtiles lui a fait rassembler un groupe très important où la délicatesse des émaux sur or et sur argent vient clore le cycle de toutes les phases parcourues par l'art de l'émaillage depuis les premiers cloisonnés aux harmonies puissantes, enfantés par l'ancienne Chine classique. Il faut faire ressortir encore la somptuosité de certains laques parmi lesquels dominent, éblouissants, quelques superbes dons du Mikado, telle une étagère avec décor de pins et de bambous d'un travail déjà ancien, une écritoire avec sa boîte à papier, déployant, dans un art plus moderne, une insurpassable richesse. Faut-il mentionner enfin, tranchant sur la gravité de certains Kakémono bouddhiques, ces deux paravents de l'École de Toça, œuvre magistrale où se déploie, en mille scènes pompeuses ou familières, toute la vie seigneuriale et populaire de l'ancien Japon ? Nous en avons assez dit, semble-t-il pour faire ressortir le caractère essentiel de cette collection, qui ne prétend point au mérite d'offrir une contribution inédite et savante à l'histoire de l'art, mais où prévaut l'invincible charme avec lequel ces contrées privilégiées de l'Orient ont, par la magie de leur production d'élite, su gagner notre cœur.

SCULPTURES

1. — Figure en kanchitsou doré, représentant Amida dans l'attitude de la prédication : debout sur la fleur de lotus couplée, il se dresse au sommet d'un haut piédestal octogone, finement sculpté de motifs floraux et dont le plateau supérieur abrite deux chimères accroupies. Pièce d'un beau style, avec sa dorure primitive patinée par l'encens. Par la sérénité de son expression, et la pureté hiératique de toute son allure, cette pièce est très comparable à l'Amida du musée du Louvre, provenant de la collection Gillot. Haut. 0.65.

2. — Figure en bois naturel, représentant Bichamon debout sur un démon et tenant d'une main la pagode, de l'autre la lance. Des ornements de cuivre ajouré surmontent son casque. Le démon et le socle en forme de rocher sont d'une époque moins ancienne que la statue. Haut. 0.90.

3. — Groupe de deux figures en bois polychromé, représentant les dôji Kongara et Seitaka, chacun sur un socle en forme de rocher. Les draperies ont conservé, sous la patine du temps, leur somptueuse décoration en reliefs d'or et en couleurs. Manquent les attributs, le lotus et la massue. Haut. 0.50.

4. — Figure en bois représentant un génie guerrier à l'expression terrible, debout sur un rocher et faisant de la main droite un geste mystique ; l'autre main repose sur la poignée de son épée qu'il tient devant lui, la pointe contre le sol. Pièce de belle allure et d'une robuste exécution. Haut. 0,83.

5. — Figure en bois naturel représentant Amida debout dans l'attitude de la prédication, ayant derrière lui l'auréole elliptique en bois ajouré sur fond d'or. La tête, de très beau style, est de beaucoup antérieure au reste de la statue, qui, malgré sa facture un peu sèche, offre une bonne imitation de la draperie archaïque, aux longs plis concentriques. Haut. 0,74.

6. — Statuette en kanchitsou partiellement doré, représentant Amida assis sur le trône au lotus dans l'attitude de la méditation. Haut. 0,29.

7. — Statuette, en bois anciennement peint et doré, représentant Zôtcho debout sur le démon, la main gauche à la hanche et tenant la pique de la main droite : l'auréole en forme de *chakra* est fixée derrière lui. Haut. 0,38.

8. — Deux statuettes en bois laqué, représentant les Tennô Zôtcho et Jikokou, l'un tenant la pique et l'autre la foudre : socle rectangulaire en bois doré. Haut. 0,36.

9. — Quatre statuettes en bois portant des traces de dorure, représentant chacune l'un des douze génies des heures. Manque l'avant-bras de l'une des statuettes. Haut. 0,31.

10. — Deux statuettes en bois anciennement polychromé, représentant Zôtcho et Komokou, celui-ci tenant le pinceau et le rouleau d'écriture. Haut. 0,34.

11. — Figure en bois, anciennement dorée, représentant un Bodhisatwa debout, le bras gauche abaissé le long du corps, le bras droit

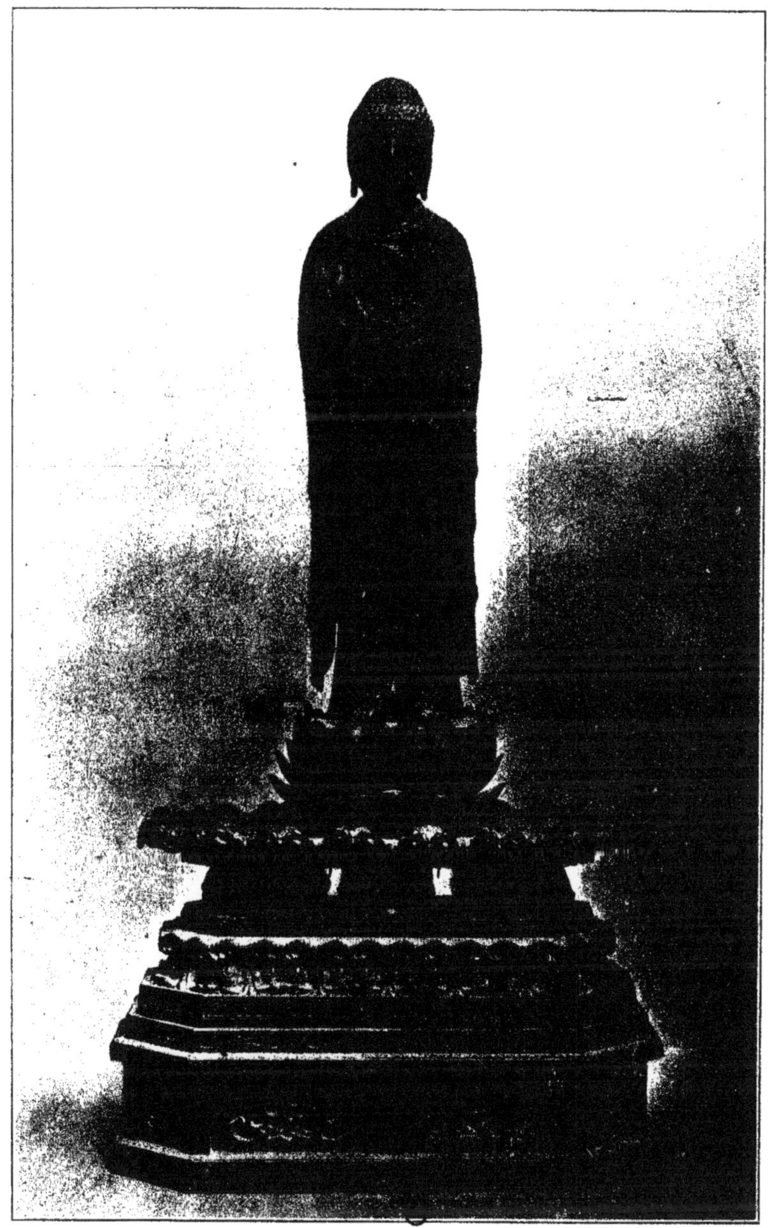

N° 1

mi-ployé, et faisant des deux mains des gestes mystiques. Une parure à pendeloques en cuivre ajouré et ciselé surmonte la coiffure. Pièce d'une grande séduction par le charme délicat et fier du visage, par la grâce générale de l'allure. Haut. 0,80.

12. — Retable en bois doré, offrant les statuettes de six Rakan disposées en deux groupes à l'intérieur d'un cadre rectangulaire et de deux Rakan placés aux extrémités. Au milieu s'élève un portique, à colonnettes finement sculptées de dragons, encadrant un cartouche sans inscription et surmonté d'un fronton orné de pendeloques en cuivre. Un socle figurant des vagues écumantes forme la base du retable dont le cadre extérieur est sculpté, en bas-relief, de dragons dans les nuages. La dorure originale, en ors rouge, jaune et vert, patinés par l'encens, complète l'effet décoratif de cette jolie pièce. Haut. 0,49 ; long. 0,81.

13. — Deux statues demi-nature, en bois doré, figurant les Bodhisatwa Seïsi et Kwannon, debout sur le lotus, au sommet d'un haut piédestal circulaire, le premier joignant les mains en un geste d'oraison, l'autre tenant le lotus. Le diadème à pendeloques, en cuivre ajouré, orne leur chevelure. Haut. 2,10.

14. — Deux statuettes en bois laqué représentant les Tennô Bichamon et Jikokou, le premier tenant la pique et la pagode, l'autre brandissant le glaive. Derrière eux est fixée le *chakra* orné de flammes, en cuivre découpé et gravé. Socles rectangulaires en bois doré. L'élégance de la silhouette, l'exécution souple et nerveuse des têtes et des draperies, le fin décor en reliefs de laques polychromes qui couvre toutes les pièces des vêtements distinguent ces deux statuettes de la plupart des monuments analogues. Haut. 0,44.

15. — Deux statuettes en bois noirci, représentant les deux Niô sur des socles en forme de rocher. Haut. 0,25.

16. — Figure en bois peint, représentant Bichamon, les deux mains appuyées sur le pommeau de son épée. Haut. 0,37.

17. — Petite figure en bois de santal, représentant Daï Nitchi du Kongo-Kaï; il est assis sur le lotus, les mains se touchant en un geste mystique, avec, derrière lui, une large auréole à fond rouge et à rayons d'or, encadrant deux auréoles plus petites. Le piédestal à la chimère, s'étageant en gradins circulaires, complète cette élégante petite pièce, d'un sentiment raffiné et dont l'exécution n'offre aucune sécheresse dans sa délicate minutie. Haut. 0,30.

18. — Petite figure en bois anciennement peint et doré représentant Komokou, tenant la pique d'une main et de l'autre le rouleau d'écriture. Sur la robe et l'armure, apparaît, noirci par la patine, un fin décor en rouge, en vert et en or. Haut. 0,24.

19. — Grande chapelle ouvrante, en laque d'or, et, dont les portes, ornées extérieurement de pentures ajourées et gravées, comportent chacune deux vantaux. A l'intérieur de la niche, qu'encadrent deux colonnettes sculptées et finement enluminées, la figure d'Aïzen aux six bras est assise sur le lotus, au sommet d'un haut piédestal en forme de balustre, le tout sculpté en bois de santal naturel délicatement rehaussé d'or. Les attributs d'Aïzen, la clochette, la foudre, l'arc et la flèche, ainsi que les ornements de la coiffure, sont en argent ciselé. Haut. 0,67.

20. — Chapelle ouvrante en laque noir à garnitures ciselées et dorées. Elle contient une effigie, en bois de santal, représentant Bichamon sous la forme, fort rare, dite « Bichamon aux huit sabres »: assis sur la chimère, il a quatre têtes, douze bras, dont deux tiennent ses emblèmes habituels, la pique et la pagode, les autres brandissant des sabres. Les faces intérieures des volets offrent deux peintures d'une jolie exécution figurant le dôji Zennishi et Kichijo-Ten. Haut. 0,34.

21. — Figure en bois partiellement peint représentant Kwannon assis sur le rocher, une aiguière posée à côté de lui, et revêtu, suivant la forme chinoise, d'une ample draperie montant par derrière jusqu'au sommet du chignon. Haut. 0,60.

22. — Figure en bois peint et rehaussé d'or, représentant un sage à longue barbe, un bâton à la main, et portant une robe à manches flottantes. Haut. 0,35.

23. — Deux statuettes en bois de santal représentant Kwannon « aux onze têtes » tenant le vase au lotus, et Jiso, avec le sistre et la gemme précieuse. Tous deux, adossés à l'auréole elliptique, sont debout sur des socles sculptés que surmonte le lotus. Haut. 0,35.

24. — Deux statuettes en bois peint et doré, représentant des seigneurs en costume de cour, assis, l'un jeune, l'autre âgé et portant une barbiche. Haut. 0,16.

25. — Deux sceptres bouddhiques. L'un affecte la forme d'un démon tenant un vase d'où s'élève un lotus stylisé, l'intérieur de la fleur étant creusé pour contenir une minuscule image de Dharma. L'autre, d'une facture robuste, est en forme de dragon.

26. — Statuette en bois naturel, représentant Çakyamouni « descendant de la montagne ». Haut. 0,19.

27. — Statuette en bois peint représentant Kwannon sous la forme d'une pêcheuse portant un panier sur son épaule et une gourde dans la main gauche. Haut. 0,21.

28. — Deux figures en bois peint représentant Bichamon et Jikokou. Haut. 0,46.

29. — Groupe composé de dix figures en bois peint comprenant un

personnage debout, une jeune fille, sept guerriers et un seigneur qui paraît présider à la scène, ces dernières figures assises ou accroupies. Haut. 0,70, 0,60 et 0,40.

30. — Figure en bois peint représentant un jeune seigneur accroupi, tenant son éventail devant lui. Haut. 0,33.

31. — Figure en bois partiellement laqué de brun, représentant Shòki debout, l'épée à la main, tenant un diable par le poignet. Haut. 0,51.

32. — Groupe de deux statuettes, en bois peint, représentant un voyageur épouvanté à l'apparition d'un Tengou. Haut. 0,12 et 0,15.

33. — Deux statuettes en bois peint et laqué, figurant deux démons accroupis. Haut. 0,075.

34. — Statuette en bois noir représentant Çakyamouni assis sur un trépied et tenant une bourse à aumônes Haut. 0,16.

35. — Deux statuettes en bois naturel, représentant des kappa. Long. 0,13.

36. — Petite figure en bois peint, représentant un vieillard écrivant une lettre. Haut. 0,08.

37. — Deux pièces : Serpent en bois naturel sculpté et gravé. Haut. 0,10. — Faucon sur un rocher. Haut. 0,09.

38. — Statuette d'un Sennin, en bois naturel de ton clair. Haut. 0,15.

39. — Montreur de singe. Bois naturel de ton clair. Haut. 0,20.

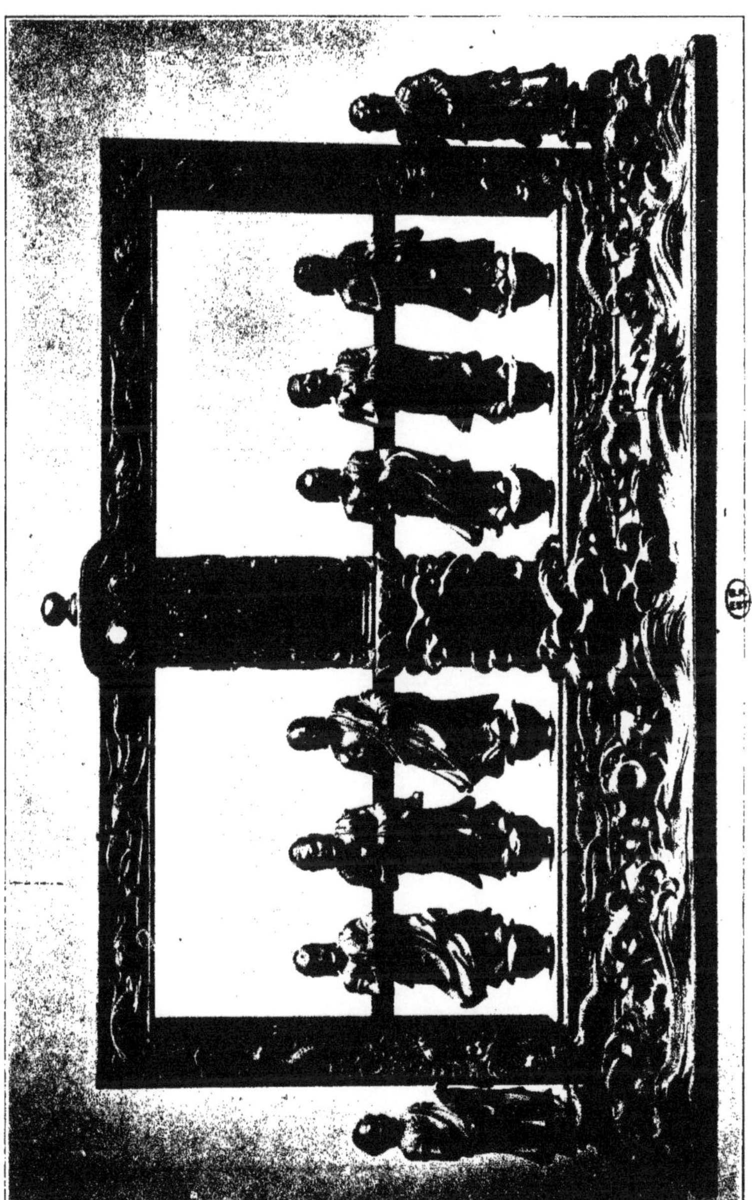

40. — Frise en bois peint et doré à sujets d'Apsara dans les nuages. Long. 0,94.

41. — Motif de décoration en bois peint, représentant un oiseau de Hô. Long. 0.62.

42. — Frise en bois peint à motif de dragons dans les flots. Long. 1.82.

43. — Deux appliques en bois peint et doré représentant, l'un le Sennin Baïfokou sur un oiseau de Hô, l'autre un Sennin féminin (Roghiokou ?) monté sur un paon. Haut. 1.20 ; larg. 1 environ.

44. — Motif circulaire en bois peint et doré figurant un dragon enroulé. Diam. 0.54.

45. — Fronton en bois peint à sujet de cailles et de pivoine. Long. 0.82.

46. — Statuette en bois laqué et doré, représentant un personnage princier. Il est assis dans un fauteuil en laque rouge dont les pieds reposent sur quatre chimères, et dont le dossier et les accoudoirs sont sculptés à motifs de dragons. Deux chimères surmontent également le tabouret. Travail chinois. Haut. 0.25.

47. — Portrait d'un jeune prince, en bois doré et peint ; il est assis dans un fauteuil, vêtu d'une robe à décor de dragons et coiffé d'un bonnet circulaire. Travail chinois. Haut. 0.92.

48. — Figure en bois naturel de ton roux représentant Kwannon au vase. Travail chinois. Haut. 0.28.

LAQUES

49. — Petite chapelle portative en laque brun, de forme plate, contenant une plaque en fer repoussé représentant la mort de Sakyamouni. Haut. 0.135.

50. — Cabinet de forme rectangulaire, à porte latérale, décoré, sur laque mordoré, d'attributs bouddhiques en relief avec incrustations de nacre. A l'intérieur trois tiroirs superposés. Haut. 0.19 ; long. 0.29 ; larg. 0.17.

51. — Coffret, imitant un coffre à vêtement reposant sur six pieds, en laque noir couvert sur toutes ses faces de rinceaux et d'armoiries en laque d'or. Garnitures en cuivre gravé. Haut. 0.135 ; long. 0.24 ; larg. 0.115.

52. — Cabinet à porte latérale, portant, sur fond sablé d'or, un décor de cerisiers et de pins en reliefs de laque d'or et d'argent. A l'intérieur trois tiroirs superposés offrant sur fond sablé un décor de rinceaux en or mat. Charnières et serrure en fer ciselé et doré. Haut. 0.23 ; long. 0.36 ; larg. 0.21.

53. — Écritoire carrée offrant, sur fond noir mosaïqué d'or, un décor en relief de laques de couleur représentant des moineaux dans les bambous. L'intérieur présente, sur fond mordoré semé de grosses paillettes d'or, un sujet de canards dans les rochers, en puissants reliefs. Long. 0.22.

54. — Écritoire, imitant un *Koto*, en laque d'or décoré de paysages sur les côtés et présentant sur le dessus un cartouche à motif de dragons. L'intérieur offre un plateau décoré d'un faisan sur un rocher en reliefs sur laque sablé d'or. Long. 0,26.

55. — Boîte haute et rectangulaire à fond aventuriné, décoré, en reliefs de laque d'or et d'argent, du Fouji et de paysages rocheux. Un décor analogue est répété sur le plateau intérieur. Long. 0,175 ; haut. 0,115.

56. — ——— portant, en longueur, un décor de paysage en vigoureux reliefs sur laque pailleté d'or. Long. 0,16 ; haut. 0,10.

57. — Boîte à contenir des lettres, en laque aventuriné offrant un semis de rosaces, de feuilles de bambou et d'ornements géométriques. Long. 0,465 ; larg. 0,10.

58. — Écritoire en laque noir pailleté d'or décoré d'un crabe sur un *Koto* et d'un croissant de lune dans les nuages, le tout en reliefs de laque, de corail et d'étain et incrustations de cuivre. L'intérieur du couvercle représente, en relief de laque pailleté et mosaïqué, un rocher au bord des flots, sur lequel sont posés une écritoire et un rouleau de papier figuré en incrustations d'argent. Long. 0,23.

59. — Boîte haute et rectangulaire à bords arrondis. Le couvercle représente, sur fond sablé d'or, un bouquet de fleurs des champs en relief d'or mat avec incrustations de nacre et de corail. Sur les côtés se développe un paysage représentant un étang au-dessus duquel passe un vol d'oiseau. Long. 0,165 ; haut. 0,105.

60. — Petit cabinet rectangulaire à porte latérale. Toutes les surfaces sont décorées sur fond aventuriné de touffes de fleurs croissant près d'une palissade. A l'intérieur, trois tiroirs superposés, offrant, ainsi que le revers de la porte, un semis de châtaignes sur les eaux. Garnitures en argent ciselé. Long. 0,155 ; haut. 0,09.

58 *bis.* — Écritoire carrée en laque d'or pailleté offrant, en fort relief, le sujet d'un hibou sur un tronc de cerisier, aux fleurettes de nacre et de corail. Sur le revers, la vue d'un rocher boisé, battu par les vagues écumantes. Long. 0,22.

61. — Petite boîte ronde à couvercle bombé offrant, en laques d'or de différentes couleurs, un décor de chrysanthèmes croissant au bord de l'eau. Coupant le motif, une incrustation en caractères cursifs et incrustée en argent; les gouttes d'eau parsemant les fleurs sont figurées également en argent et or. Diam. 0,075.

62. — Petite chapelle portative ouvrant sur les deux faces. L'intérieur formant reliquaire contient entre deux parois de verre, des pierres

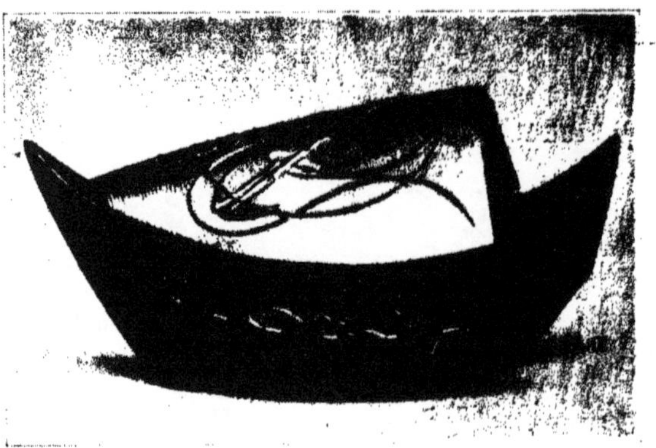

N° 81.

mystiques de différente taille. Les revers des portes sont délicatement enluminés de quatre figures de Bodhisatwa. Haut. 0,08.

63. — Boîte haute et rectangulaire à décor de bambous et de pruniers fleuris, en léger relief de laque d'or et d'argent sur fond aventuriné. L'intérieur renferme, sous un plateau répétant le même décor, un pot à cendres couvert et une boîte de forme cylindrique, divisée en trois compartiments superposés. Long. 0,165; haut. 0,11.

64. — Boîte à parfums carrée, à bords arrondis offrant, en incrus-

tations de nacre sur fond d'or, le motif de la roue de Guenji dans les flots. Long. 0,065.

65. — Boîte haute, de forme pentagone, à trois compartiments superposés. Le couvercle, imitant un nœud en papier, offre en laque d'or mat et aventuriné, un seigneur et une dame dans une barque ; les côtés sont ornés de feuilles de paulownias sur un réseau de grecques : à l'intérieur du compartiment supérieur, un décor de coquillages variés. Haut. 0,065.

66. — Petite chapelle portative en laque pailleté d'or ouvrant sur les deux faces ; les portes, ornées extérieurement du mon à la feuille de mauve, présentent à l'intérieur les images des quatre Tenno, en laque d'or mat et de couleur. Haut. 0,07.

67. — Boîte haute et rectangulaire, en laque aventuriné, offrant, sur le couvercle, la vue d'un monastère dans un paysage rocheux. Une palissade de jardin est figurée sur les côtés. Plateau intérieur décoré d'un pêcheur à la ligne sur un pont. Long. 0,16 ; haut. 0,105.

68. — Boîte haute et rectangulaire, en laque noir : le couvercle et chacune des faces sont décorés d'un saule en relief de laque d'or et de groupes de hérons en laque d'argent. Long. 0,18 ; haut. 0,11.

69. — Grand présentoir rectangulaire sur pieds cintrés, à décor de rinceaux et de papillons, en laque d'or et d'argent sur fond aventuriné. Long. 0,45.

70. — Garniture composée de quatre présentoirs carrés avec pieds cintrés, de deux récipients à saké, d'un grand bol couvert, et de vingt et un bols et coupes à pied, le tout à décor de pins et d'arbres fleuris, en laque d'or et d'argent sur fond aventuriné.

71. — Grand bol, avec pied et poignées en cuivre gravé, offrant un

décor de chrysanthèmes dans les flots en laque d'or et d'argent sur fond aventuriné. Diam. 0,27.

72. — Cabinet rectangulaire à décor de rinceaux de fleurs de cerisiers en laque d'argent sur fond aventuriné, avec porte latérale offrant à l'intérieur un paysage en laque d'or sur fond noir. Trois tiroirs superposés. Long. 0,28 ; larg. 0,185 ; haut. 0,20.

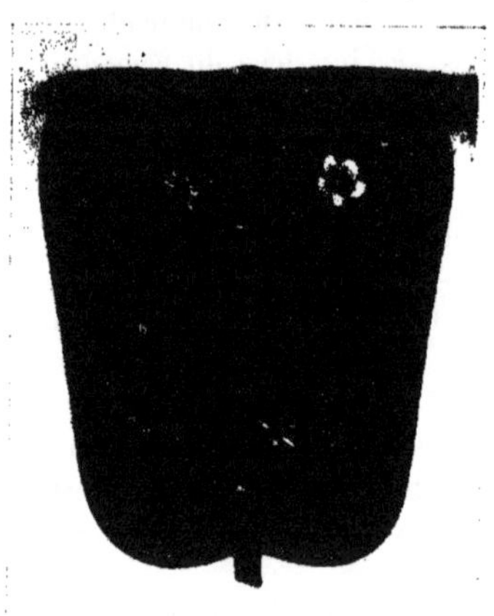

N° 83.

73. — Porte-sabre en laque aventuriné décoré de rinceaux de pivoines et de *mon* en léger relief de laque d'or et de couleur. Long. 0,55.

74. — Pupitre dont le socle rectangulaire contient un tiroir. Le décor représente des groupes de pins et de cerisiers fleuris, en laque d'or et d'argent sur fond sablé or. Haut. 0,60.

75. — Écritoire carrée représentant des touffes de chrysanthèmes dans les eaux d'un ruisseau d'où émergent, en fort relief, des pointes de rocher ; laque d'or mat et d'argent partiellement mosaïqué sur fond sablé d'or. Long. 0,25.

76. — Pupitre en laque d'or, posant sur un socle lobé. Le décor représente des cigognes au bord de l'eau, sous des troncs de pins et de hautes pivoines éclairés par le disque de la lune. Haut. 0,51.

77. — Petite boîte ronde à couvercle bombé : décor de cartouches hexagonaux à sujets variés, et du *mon* aux glycines, en laque d'or et de couleur sur fond aventuriné. Diam. 0,08.

78. — Boîte haute et rectangulaire en laque noir à sujet d'un hibou posé sur un tronc d'arbre, près d'une branche de cerisier en fleur ; sur les côtés, quatre vues d'un monastère dans les rochers, le tout en relief de laques d'or variés. L'intérieur, sous un plateau orné d'un cerf et d'une biche, contient un pot à cendres couvert et une boîte haute à trois compartiments, en forme de croissant, à décor d'herbes dans les eaux. Long. 0,155 ; haut. 0,10.

79. — Petite boîte circulaire à bords arrondis, en laque noir avec semis, en laque d'or, de chrysanthèmes et de paulownias stylisés. Diam. 0,065.

80. — Pot à cendres dont la forme imite une section de bambou : décor de chrysanthèmes sur fond aventuriné. Couvercle en cuivre repercé imitant un natté de jonc. 0,085.

81. — Petite boîte à parfums en laque d'or et d'argent, imitant une jonque dans les flots. Sous le toit de chaume formant couvercle, une division intérieure mobile figure le plancher du bateau. Long. 0,11.

82. — Petite boîte cubique à trois compartiments superposés, offrant sur le couvercle un médaillon à décor de pins et de pruniers fleuris, et, sur les côtés, des motifs ornementaux à sujet de dragons, en laque d'or sur fond noir. Intérieur aventuriné. Haut. 0,06.

83. — Petite boîte à parfums, de forme plate, affectant la forme d'un écran ; décor de narcisses et de branches de cerisiers, en laque d'or et incrustations, sur fond aventuriné et pailleté. Long. 0,07.

84. — Petit coffre, à décor de bambous et de pins, avec semis d'ornements héraldiques, en laque d'or sur fond noir. Serrure et coins en cuivre gravé. Long. 0,59 ; larg. 0,41 ; haut. 0,34.

85. — Petite boîte plate et lobée, décorée, en reliefs de laque d'or

et de couleurs, de trois sages auprès d'une cascade : l'intérieur présente une minuscule écritoire, avec sa pierre et un petit bâton d'encre de Chine. Long. 0,05.

86. — Écritoire carrée en bois naturel, offrant, dans un médaillon, le buste de Dharma, en reliefs de laque rouge et incrustations de faïence ; au revers du couvercle, une feuille de paulownia en laque d'or, sur fond noir pailleté. Long. 0,21.

87. — Écritoire carrée à bords arrondis. Le décor représente, en relief de laque d'or sur fond noir, la cime du Fouji émergeant des nuages ; au premier plan, le rivage de la mer planté de pins. A l'intérieur du couvercle, un monastère au bord des flots dans un paysage rocheux. Long. 0,34.

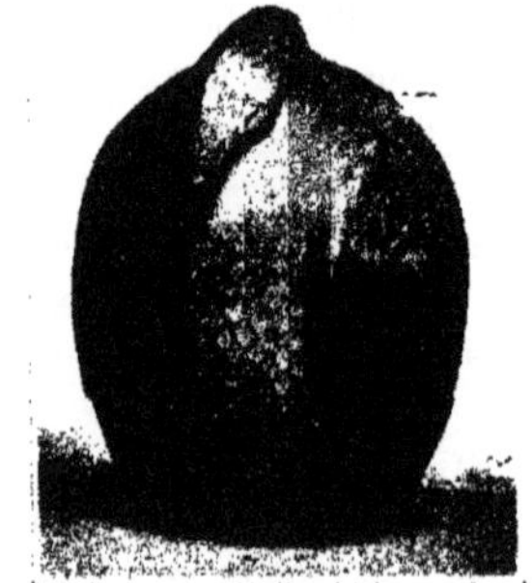

N° 88.

88. — Petite boîte imitant un héron. Sur un fond rosé, le duvet de l'oiseau est délicatement peint en légers traits de laque d'or, le bec étant figuré par des reliefs en laque d'or plein ; les yeux mi-clos sont incrustés de nacre. Haut. 0,06.

89. — Boîte à parfums affectant la forme d'un casque, la calotte formant couvercle et décorée en laque d'or, sur fond très finement sablé, de chrysanthèmes et de fleurs de cerisier ; sur la visière un mascaron de chimère. Haut. 0,06.

90. — Petite boîte, de même forme que le numéro précédent, en laque d'or, offrant sur le couvre-nuque un décor de rinceaux à fond gris. Diam. 0,08.

91. — Écritoire carrée en laque noir, à décor de hérons dans un marais, en reliefs de laque d'or et d'argent : l'intérieur, richement aventuriné présente, au revers du couvercle et sur les plateaux, une vue de paysages avec chaumières au bord de l'eau. Long. 0,22.

92. — Étagère rectangulaire, formée de deux tablettes à décor géométrique réunies par quatre montants ornés de rinceaux en laque d'or sur fond noir. Long. 0,35 ; haut. 0,28 ; larg. 0,20.

93. — Petite boîte à parfums de forme plate et rectangulaire, décorée d'un site montagneux en reliefs de laque d'or, avec incrustation de paillons sur fond noir. Long. 0,08.

94. — Pot à cendres cylindrique en laque d'argent à semis de fleurs de cerisier en laque d'or. Haut. 0,055.

95. — Boîte reliquaire, en laque d'or mat, ayant la forme d'un bulbe de lotus. Dans l'épaisseur du couvercle sont insérées deux perles sacrées, derrière une paroi de verre. L'intérieur présente, sculpté en haut relief, d'un côté la figure de Monju, de l'autre, les figures de Foudo et d'Aïzen, enluminées en or et en couleur. Long. 0,07.

96. — Petite chapelle portative, en laque rouge, à garniture de cuivre ciselé, contenant une effigie de Monju debout sur un socle abritant une chimère, le tout délicatement sculpté en bois de santal. Haut. 0,08.

97. — Chandelier à socle aventuriné, offrant un décor de deux éventails, à sujets de fleurs et de paysages. Haut. 0,18.

98. — Petite boîte à parfums en forme d'éventail, à décor de lianes, en légers reliefs de laque d'or. Long. 0,10.

99. — Petite boîte de forme haute, en laque d'or, imitant un fagot et présentant, sur les côtés, un semis de fleurs de cerisier dans les eaux. Haut. 0,035

100. — Petite boîte ayant la forme d'un tambourin sur lequel est perché un coq en laque d'or ; le tambourin présente, sur un fond imitant le bois naturel, un décor de vigne sauvage en laque d'or, avec incrustations de corail. A l'intérieur, un plateau orné d'une vue de temple au bord des flots, figurés en incrustations de burgau et laque d'or. Haut. 0,11.

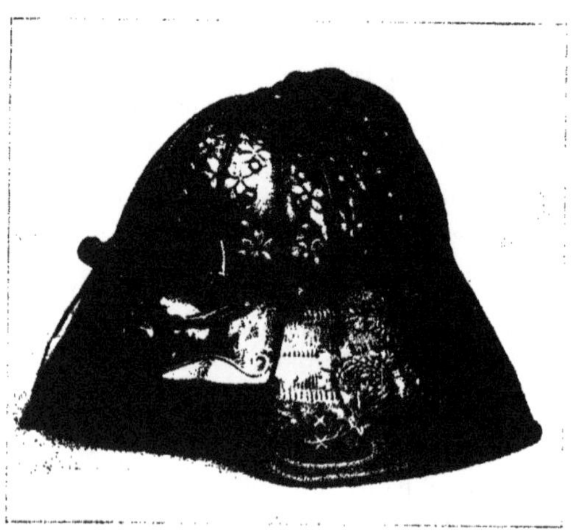

N° 89.

101. — Petite boîte à parfums, de forme plate et rectangulaire, décorée, sur fond sablé or, d'un plant de chrysanthèmes, avec incrustations d'or, d'argent, de corail et de nacre : l'intérieur présente deux petites boîtes en laque d'or mat, à sujets de narcisse et d'iris. Long. 0,065.

102. — Chapelle de forme octogone, recouverte sur chacune de ses faces et sur le toit, d'un natté d'osier laqué rouge ; socle, montants, traverses en laque brun à décor de rinceaux et de grecques en laque d'or et en gravure. Les arêtes du toit sont ornées de mascarons chimériques. Haut. 0,48.

103. — Cantine en laque aventuriné contenant deux bouteilles à eau, une boîte à biscuits de forme haute à quatre compartiments, un tiroir, un plateau carré et cinq petits plateaux rectangulaires. Le décor représente, sur la boîte à biscuits, un paysage animé de martins-pêcheurs et de pigeons; sur les plateaux, des groupes de cerfs dans les érables, et des semis de pétales de cerisiers; sur le dessus de la cantine, trois oiseaux de Hô, à longues queues empanachées. Haut. 0,28; long. 0,30; larg. 0,17.

104. — Grande chapelle en laque noir, surmontée d'un fronton et d'une frise à sujets de chimère et d'attributs bouddhiques dans les nuages; garnitures en cuivre gravé et découpé. Haut. 0,48.

105. — Chapelle en laque rouge, garnie de pentures en argent ciselé et repercé; les parois de l'intérieur sont laquées d'or mat et décorées, en reliefs d'ors variés, d'un semis d'attributs bouddhiques. Haut. 0,26.

106. — Boîte à contenir des lettres offrant, sur fond noir à décor géométrique en laque d'or, coupé de médaillons floraux, une vague écumante figurée par une mince feuille d'argent, au-dessus de laquelle tourbillonne un vol d'oiseaux de mer, en reliefs de laque d'or. Long. 0,21.

107. — Écritoire carrée en laque noir, décorée en laque d'or avec parties mosaïquées et incrustations de nacre, d'un tronc de cerisier fleuri, penché au-dessus des flots et d'un croissant de lune en incrustation d'argent; à l'intérieur, toutes les surfaces sont revêtues, sur fond aventuriné, d'un décor de paysage représentant l'entrée d'un temple et la vue d'une rivière où naviguent des radeaux, sous la tombée des feuilles d'érable; le tout en laque d'or et d'argent mosaïqué et incrusté de burgau. Long. 0,25.

108. — Deux boîtes rectangulaires, à dessus concave, composant un service de voyage. L'une d'elles, avec couvercle à charnière s'ouvrant en deux parties et deux poignées mobiles, renferme une caisse munie de deux récipients en cuivre et d'un tiroir, le tout se retirant par l'une des faces latérales. L'autre boîte, dont le dessus et l'une des faces sont grillagés, contient un plateau, sortant également par le côté. Décor de branches de pins et de kaki, en laque d'or sur fond aventuriné. Long. 0,22.

N° 93.

109. — Socle en bois naturel à tablette et base quadrilobées reposant sur quatre pieds cintrés, à décor de cigognes et de nuages en laque d'or. Haut. 0,29.

110. — Coffre de toilette composé d'une caisse rectangulaire à deux tiroirs, supportant un chevalet à miroir, le tout en laque aventuriné, à décor de lianes fleuries en laque d'or et d'argent. Garnitures de cuivre gravé. Haut. 0,65.

111. — Grande boîte à renfermer des lettres, en laque aventuriné, décorée de groupes d'arbres au bord des eaux, avec semis de *mon* à la feuille de mauve. L'intérieur renferme un plateau servant d'écritoire, avec sa pierre et son godet en argent; cordelière en soie rose. Long. 0,40.

112. — Écritoire carrée en bois naturel, sculptée en haut relief d'un couple de faisans, au milieu de fleurettes figurées en laque d'or. L'intérieur, aventuriné, présente, au revers du couvercle, l'effigie d'un prêtre en incrustation de faïence et un cartouche rectangulaire à décor de cerisier fleuri, en laque d'or sur fond rouge : godet en bronze figurant un dragon. Long. 0,21.

113. — Petite boîte de forme allongée, taillée dans un morceau de bois fruste revêtu de laque brun, et présentant la vue d'un pont que traversent un pèlerin et un enfant, sous un saule, le tout en relief et en incrustations de corne, de nacre et d'écaille, avec rehauts de traits d'or. Intérieur en argent gravé. Long. 0,17.

114. — Instrument de musique dit *chô* dont le pied offre, sur laque mordoré, un décor d'arbres fleuris et d'oiseau; le faisceau de tubes est maintenu par un anneau d'argent imitant une tige de bambou. Long. 0.42.

115. — Boîte rectangulaire en laque noir, décorée, en laque d'or, d'une chimère dans les pivoines. Au revers du couvercle, un groupe de pins, en laque d'or sur fond nuagé d'aventurine. L'intérieur contient, sous un plateau à motif de coq et de poule, trois boîtes à plusieurs compartiments et à divisions intérieures, présentant, sur fond noir, un décor de branchages en laque d'or. Long. 0.23.

116. — Petite boîte haute et rectangulaire, à sujet d'hortensias sous la lune, en reliefs de laque d'or, sur fond noir nuagé de paillettes d'or. Haut. 0.09; larg. 0.075.

117. — Petite boîte plate et rectangulaire, ornée, en forts reliefs d'or, de pivoines sur un rocher; un vol de lucioles sur les roseaux décore l'intérieur de la boîte et le revers du couvercle. Long. 0,09.

118. — Garniture de toilette composée d'un coffre cubique à deux tiroirs, supportant le chevalet à miroir, et de sept petites pièces, dont une boîte circulaire à couvercle bombé, quatre boîtes hautes et carrées, avec couvercle bombé, une boîte ronde avec plateau intérieur et une sébille de forme ovale. Toutes ces pièces offrant, sur fond pailleté d'or, un décor floral avec ornements héraldiques.

119. — Boîte haute, de forme elliptique lobée, avec décor de paysages montagneux, en reliefs de laque d'or et d'argent sur fond de laque d'or mat ; l'intérieur aventuriné offre un plateau avec décor analogue. Long. 0,19.

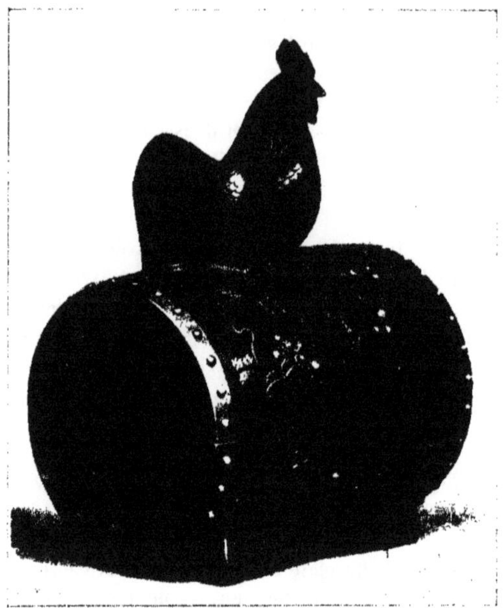

N° 100.

120. — Petite boîte figurant un pot à trois pieds, d'où émergent les trois longues feuilles d'une plante d'eau. Laque d'or mat à décor de rinceaux et de cartouches quadrilobés. Haut. 0,11.

121. — Cabinet rectangulaire de forme allongée, en laque rouge jaspé de noir, avec porte sur le côté et trois tiroirs intérieurs. Garniture en cuivre doré. Long. 0,405 ; larg. 0,24 ; haut. 0,25.

122. — Écritoire carrée à bords arrondis, offrant un médaillon à sujet de canards au bord des eaux en incrustations de burgau et laque d'or sur fond de laque noir. Autour du médaillon, un semis de plumes de canard en laques frottés d'or et d'argent; l'intérieur du couvercle présente, en laque frotté, l'image du bateau de fortune. Long. 0,22.

123. — Trois pièces : Deux petits gobelets à intérieur de métal, et une coupe plate, à décor de tortues, de mon, et d'un groupes d'oies au bord de l'eau, en laque d'or sur fond aventuriné.

124. — Petit cabinet à porte latérale et trois tiroirs ; décoré sur fond rouge, de rinceaux fleuris en laque d'or et laque noir. Long. 0,12 ; haut. 0,08.

125. — Coupe à pied, en laque rouge, offrant un décor de rinceaux de glycines sur fond or. Haut. 0,17.

126. — Boîte de forme dentelée, décorée en reliefs de laque d'or, sur fond aventuriné d'une touffe de chrysanthèmes derrière une palissade. A l'intérieur, un plateau, offrant la vue d'un pont sur une rivière, partie en reliefs de laque d'or; partie mosaïquée ou laque frotté. Larg. 0,145.

127. — Boîte quadrilobée, entièrement couverte d'une floraison de chrysanthèmes à reliefs de laque d'or mat. Long. 0,11.

128. — Petite chapelle en laque d'or, contenant une effigie de Mioken en argent ciselé entourée de deux figures de Bodhisatwa, peintes à l'intérieur des portes. Haut. 0,08.

129. — Boîte affectant la forme de deux cartouches superposés, l'un circulaire, à décor floral en incrustations de faïence blanche et de couleur sur fond or, l'autre carré, présentant, en laques d'or variés sur fond noir, la vue d'un paysage montagneux ; sur les côtés, laqués d'or mat, un vol d'hirondelles de mer sur les flots. Long. 0,16.

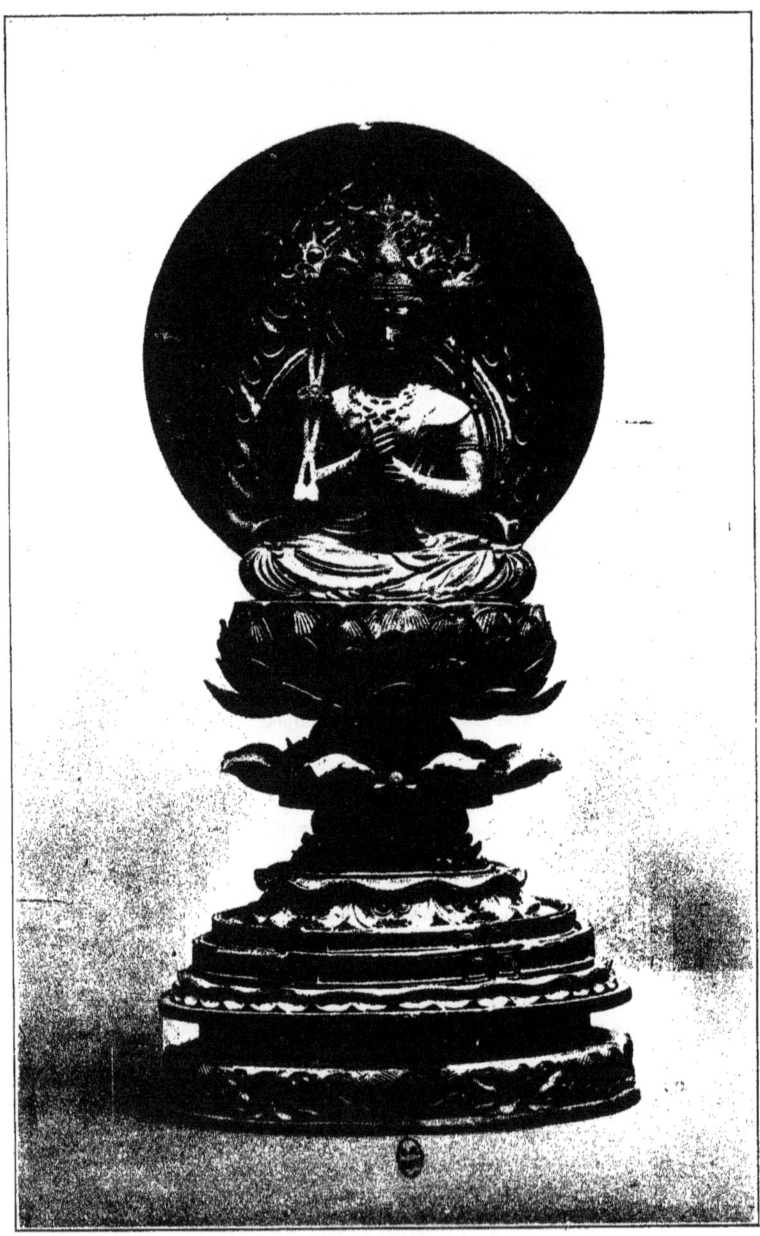

N° 17

130. — Petite boîte, forme rognon, en laque d'or poli, à sujet de chrysanthèmes; au pourtour, un vol d'oiseaux sur un fond d'imbrications. Long. 0,10.

131. — Grande étagère divisée horizontalement en trois parties, avec quatre portes à glissières dans le bas, et, sur le plateau supérieur, un cabinet fermant par une porte à deux battants. Une somptueuse décoration en laques d'or variés sur fond noir couvre toutes les surfaces du meuble, représentant des paysages plantés de chrysanthèmes, de pins et de bambous. L'admirable exécution de ce décor, la délicate ciselure des garnitures en argent, à sujet de chrysanthèmes, et son parfait état de conservation donnent à ce meuble un caractère de richesse et d'élégance tout à fait exceptionnel dans les pièces de cette dimension. Long. 0,92; larg. 0,40; haut. 0,79.

132. — Écritoire carrée décorée, en laques d'or variés sur fond aventuriné, d'une vue de montagnes avec cascade et cerisiers fleuris, les fleurs étant figurées par des incrustations d'or et d'argent; l'intérieur du couvercle présente un groupe de chaumières auprès d'une rizière. Long. 0,25.

133. — Écritoire à coins lobés offrant, en reliefs d'or vif, la vue de sites montagneux. Le revers du couvercle et l'intérieur de la boîte sont décorés de grandes fleurs de chrysanthèmes en reliefs de laque d'or sur fond noir pailleté. Un godet en argent figurant un chrysanthème, deux pinceaux, un burin, un couteau et un manche pour bâtons d'encre de Chine, le tout en laque noir avec semis de fleurettes d'or, complètent la garniture. Long. 0.26.

134. — Grande boîte à papier accompagnant le numéro précédent et comportant un décor analogue; à l'extérieur, un paysage montagneux couvert d'une floraison de cerisiers dont toutes les fleurs sont incrustées en argent doré; chrysanthèmes avec leurs feuilles au revers du couvercle et sur le plateau intérieur.

Pièce d'une somptuosité exceptionnelle.

135. — Petit coffre en laque aventuriné, offrant, sur toutes les faces, un semis d'éventails à décors variés; garnitures en cuivre gravé. Long. 0,55; larg. 0,39; haut. 0,34.

136. — Boîte haute affectant la forme d'une chaumière. Elle offre, sur les quatre faces, le décor d'un cerisier, sur lequel sont perchés un coq et une poule, et de plantes grimpantes. Sur le toit, qui est mobile, vole un groupe de moineaux. La boîte est divisée en deux compartiments superposés, avec couvercle décoré de deux toiles d'araignées. Laques d'or et de couleur, partie en relief, partie frottés et mosaïqués. Haut. 0,17.

137. — Petite boîte à parfums de forme plate et rectangulaire offrant sur fond d'or mat, l'image de deux corbeaux, sous le disque de la lune, en incrustation d'argent, l'un en nacre, l'autre en burgau. A l'intérieur, papillons et branches de glycine sur fond aventuriné. Long. 0,075.

138. — Trois présentoirs à coupes, l'un en bois naturel, décoré d'un pin en laque d'or, l'autre à décor de fleurettes et de brindilles en laque d'or sur fond noir, le troisième en laque brun uni.

139. — Trois pièces : petite coupe pentalobée décorée de fleurettes de cerisier en incrustations d'ivoire sur fond noir; petite boîte en laque noir portant un *mon* en laque d'or; socle octogone à trois pieds avec décor géométrique en or sur fond noir.

140. — Trois peignes en laque aventuriné, à décor de sapèques.

141. — Petit écran en laque noir et rouge, avec incrustations de burgau. Dans le panneau central est sertie une plaquette d'ivoire visible sur les deux faces et sculptée à jour de deux personnages montés sur des chimères et supportant une architecture décorée de dragons : de chaque côté, deux personnages divins, peints en laque d'or ; au revers, une branche d'arbre fleurie. Travail chinois. Haut. 0,21 ; larg. 0,15.

142. — Petite boîte hexagonale offrant l'image d'un oiseau de Hô en mosaïque de burgau. Travail chinois. Long. 0,06.

143. — Pupitre en laque noir décoré, en incrustations de burgau, d'un oiseau de Hô, volant vers un paulownia fleuri. Travail chinois. Long. 0,58. Haut. 0,56.

144. — Socle en laque rouge, à pieds cintrés, avec décor d'oiseaux de Hô et d'une chimère en laque d'or et incrustations de burgau. Travail chinois. Long. 0,32 ; haut. 0,41.

145. — Grande boîte, en laque de Pékin, de forme rectangulaire offrant, sur le couvercle, deux cartouches représentant un groupe de sages et une branche de chrysanthèmes. Pourtour gravé d'un décor touffu de pêches de longévité. Long. 0,40 ; larg. 0,32 ; haut. 0,16.

146. — Cabinet en forme de coffret, décoré d'un motif de paysage sur le côté, d'une branche et d'un oiseau, sur le dessus, en relief de nacre et en incrustation de nacre et d'ivoire teintés sur fond rouge. Le couvercle étant levé, la paroi antérieure devient mobile et découvre, en s'enlevant, sept tiroirs, superposés en trois rangs, de grandeur variée. Travail chinois. Long. 0,28 ; larg. 0,19 ; haut. 0,23.

147. — Deux pièces : Panneau d'écran rectangulaire à deux faces offrant en reliefs de couleur, d'un côté, un oiseau et une branche de cerisier, sur fond rouge, de l'autre, une branche de pivoines fleuries sur fond jaune. Long. 0,24. Plateau circulaire, en laque de Pékin, décoré dans un cartouche lobé d'une vue de jardin animé de personnages. Diam. 0,16.

148. — Deux grandes boîtes sphériques, en laque de Pékin, dont

le dessus offre un médaillon de paysage animé de nombreux personnages. Pourtour de bordure ornementale à sujet d'attributs et de pêches stylisées. Diam. 0,41.

149. — Grand socle rectangulaire de forme très allongée, offrant, sur fond rouge, une peinture d'oiseaux de Hò et d'attributs, avec incrustations de nacre. Travail chinois. Long. 1,25 ; larg. 0,28 ; haut. 0,38.

Inro

150. — Inro à six pans, en bois naturel, représentant sur les deux faces un bois de bambous au pied desquels grouillent des fourmis figurées par des incrustations de cuivre, les troncs d'arbres étant partie sculptés, partie incrustés en cuivre, avec feuillage en cuivre et étain. Le dessous de la pièce offre d'autres fourmis et un ver de terre serpentant dans les fissures du bois. Pièce d'un goût robuste, très caractéristique du maître *Gamboun* dont elle porte la signature avec la mention : Fait à l'âge de soixante-quinze ans.

151. — Inro à quatre cases, en galuchat, offrant, en laque noir et or, le décor d'un dragon dans les nuages.

152. — Grand inro à une case, en laque noir incrusté d'un semis de fleurettes stylisées en émaux divers, sertis de fils de cuivre.

153. — Inro à quatre cases en laque noir, avec incrustations de nacre, d'argent et reliefs de laque figurant un décor de seiche et de poissons nageant dans les algues. Netsuké en porcelaine bleue et blanche vermiculée affectant la forme d'un coquillage à l'intérieur duquel se trouve une petite tortue. Signé : *Tchôhei.*

154. —— à deux cases, de forme allongée, en laque rouge incrusté, sur une face, d'un crabe en nacre, et décoré, sur l'autre, d'un chardon en reliefs de laque mordoré. Netsuké en bois laqué, figurant une Okamé à masque d'ivoire.

155. — Inro à cinq cases, de forme annelée, offrant sur chaque face un cartouche serti d'argent ou d'or avec décor d'arbustes à baies rouges et de papillons en émaux translucides, le tout en laque d'or, sur fond noir finement sablé.

156. ——— offrant sur fond mosaïqué d'or un semis de fleurs de chrysanthèmes. Signé : *Kajikawa*

157. ——— en laque d'or ; décor d'un semis de trente-six éventails portant chacun une des figures des trente-six poètes.

158. —— à trois cases, en laque gris, affectant la forme d'une cloche, autour de laquelle s'enroule un dragon en reliefs de laque d'or.

159. —— à trois cases, en laque rouge, offrant, en laques d'or et gris, une multitude de singes, se livrant à des occupations diverses, lutte, danse, etc. Netsuké en bois naturel représentant un singe mangeant un kaki.

160. ——— de forme annelée, en laque d'or, offrant, sur fond pailleté et mosaïqué de grosses paillettes, un semis de fleurs de cerisier en fort relief.

161. — Inro circulaire, imitant une garde de sabre et décoré, d'un côté de crabes dans les algues, de l'autre, d'un dragon dans des rinceaux ; sur la tranche est figuré un kodzuka ; le tout en laque brun rouge rehaussé de laque d'or.

162. — Inro rectangulaire à trois cases, en bois naturel ; décor de tambourin en laque d'or et faïence sur lequel sont perchés un coq et une poule. Inscription sur l'autre face.

163. —— à quatre cases, à décor d'un torrent dans les rochers, que franchissent des chimères, incrustées en argent ciselé. Laques d'or et de couleur. Netsuké forme bouton, offrant en laque d'or sur fond gris un sujet d'insecte et de plantes.

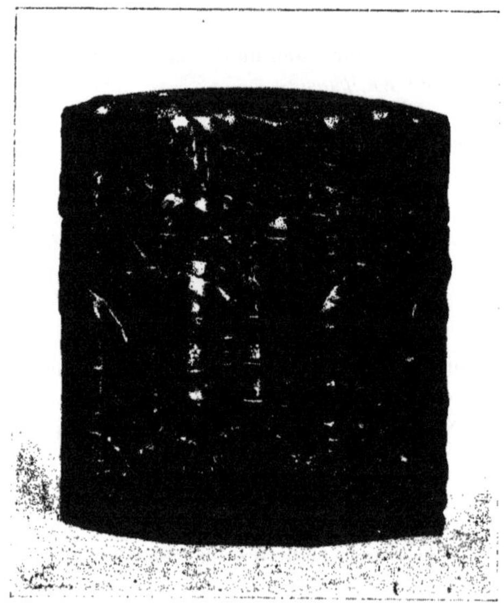

N° 150

164. —— à cinq cases, en laque d'or décoré de plants de chrysanthèmes croissant au bord d'un ruisseau.

165. —— à quatre cases, de forme plate : coqs et poules, avec bambous au second plan, en légers reliefs de laque d'or, d'argent et de couleur, et laque frotté sur fond noir.

166. —— à cinq cases, en laque noir, offrant, en reliefs de laque d'or la vue d'un bois, avec trois corbeaux en laque noir. Signé : *Kajikawa*.

167. — Inro à quatre cases, entièrement en laque noir, avec décor en relief représentant des fleurs des champs, sous le disque de la lune en laque d'argent.

168. —— à cinq cases, en laque d'or : vue d'un paysage rocheux au bord de la mer. Signé : *Kajikawa*.

169. —— à quatre cases, de forme plate, présentant la vue d'un monastère dans les montagnes, en reliefs de laque d'or, d'après une peinture de *Sesshiu*.

170. —— à cinq cases : sujet de cerisiers fleuris au bord d'un torrent, en laque d'or, avec incrustations d'or et d'argent. Signé : *Kajikawa*.

171. —— à quatre cases, arrondi des deux bouts et présentant sur fond aventuriné une troupe de chevaux en laque d'or et d'argent, gambadant auprès d'une rivière.

172. —— à trois cases, de forme arrondie : chacune des faces présente, sur fond brun rouge imitant le grain d'une toile, la figure d'un personnage sculpté en écaille avec terrains en laque mordoré.

173. —— à quatre cases, en laque noir, représentant un tronc de pins, figuré par des incrustations de burgau, avec nid de cigognes en laque d'or et d'argent, sous le disque rouge du soleil. Netsuké carré décoré sur les deux faces d'un vase à fleurs et d'un éventail en incrustations d'or et de burgau.

174. —— de forme plate, offrant la figure d'un danseur masqué devant un buisson de pivoines, en reliefs de laque noir, rouge et or, sur fond noir nuagé d'or. Netsuké en ivoire figurant une potiche.

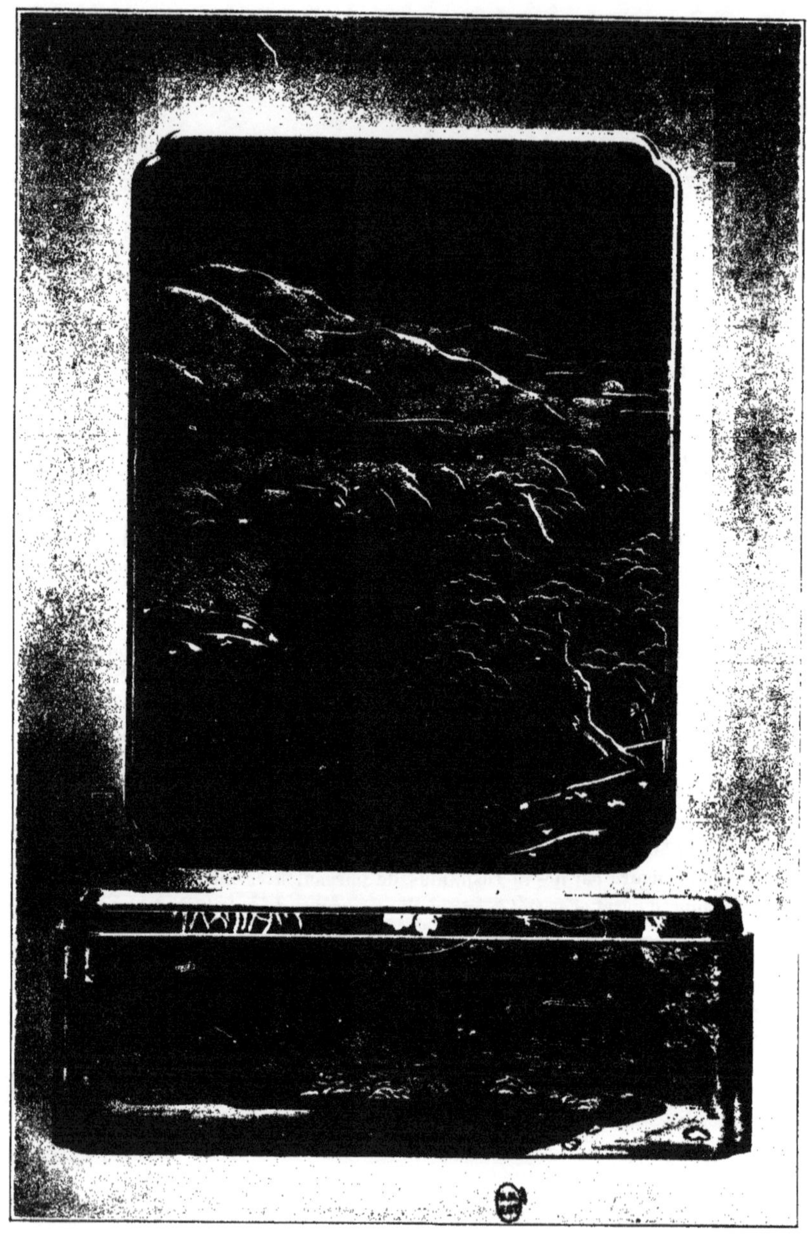

N° 134

175. — Inro à cinq cases, en laque d'or, avec vue d'un château fort et d'un monastère au milieu des montagnes baignées par la mer. Signé : *Tsunéyochi.*

176. —— offrant en reliefs de laque d'or la vue d'un paysage rocheux, avec cabanes au bord de l'eau. Netsuké en ivoire représentant un coquillage dont les valves entr'ouvertes abritent un minuscule paysage.

177. —— à quatre cases et bouts cintrés ; couple de paons sur un rocher fleuri de pivoines, en reliefs de laque d'or sur fond noir nuagé d'or.

178. —— à cinq cases en laque d'or présentant une vue à vol d'oiseau de toute la région du Fouji, avec noms des villages inscrits dans des cartouches rectangulaires. Netsuké en bois naturel représentant un bœuf couché.

179. —— à deux cases, de forme plate et arrondie, présentant un coq sur un tambour devant un cerisier fleuri, en laque d'or et couleur. Netsuké forme bouton, en laque d'or, représentant une châtaigne.

180. —— à quatre cases, de forme arrondie, décoré de médaillons en relief figurant des animaux du zodiaque, sur un fond d'ornements variés, grecques, rosaces, etc. Netsuké en laque rouge représentant un rocher.

181. —— à six pans avec sujet de deux oiseaux de Hô et de branches fleuries en reliefs de laque d'or et d'argent, sur un fond de nuages en laques poudrés et mosaïqués. Signé : *Kôma Kiuhakou.*

182. —— à deux cases, en vannerie, décoré de cartouches en laques d'or et d'argent, à sujets de paysages.

183. — Inro à quatre cases, offrant, en reliefs de laque d'or sur fond noir, la vue d'un terrain rocheux animé de groupes de chimères en reliefs d'argent doré et ciselé.

184. —— en laque d'or mat offrant, en reliefs de laque et incrustations de métaux, la légende du sage jetant sa sandale à la rivière. Signé : *Kajikawa*.

185. —— à quatre cases, en laque d'or, avec décor de paysage rocheux et d'un faucon guettant trois moineaux, en incrustation d'argent et de bronzes variés. Netsuké forme bouton, en argent, représentant le combat de Yorimassa et du monstre.

186. —— de forme ovoïde, décoré, en laques d'or et de couleur, d'un site printanier dans lequel se groupent trois poètes en costumes de cour, figurés par des incrustations d'argent, de shakoudo et d'or. Signé : *Shokwasaï*. Netsuké bouton, en bois naturel partiellement laqué et sculpté d'une sauterelle et d'une roue brisée.

187. —— à cinq cases représentant, en reliefs épais de laque d'or, Shôki à la recherche de deux petits diables blottis dans une roche creuse, les trois personnages en or et bronzes divers.

188. — Petit inro à quatre cases, en laque d'or; décor de branches de pin, avec incrustations d'un nid de cigognes, en or, et d'une figure de Daïkokou, en or et chibuitchi.

189. — Inro à trois cases, en laque noir, avec application d'un cartouche circulaire en argent, gravé d'un groupe de trois enfants et d'un autre, gravé d'une figure de Foukourokou d'après *Sesshiu*. Signé : *Kajikawa*.

190. —— à deux cases, offrant, sur fond mordoré, deux médaillons en or et chibuitchi, gravés, l'un d'une figure de Monjou, l'autre d'une Foughen.

191. — Inro à quatre cases, à coins arrondis, portant, en reliefs de laque d'or, un paysage animé de canards et d'oiseaux divers. Signé : *Yoyousaï*. Netzuké bouton sculpté d'un dragon en laque noir sur fond rouge.

192. —— à une case, en bois naturel, décoré en incrustations

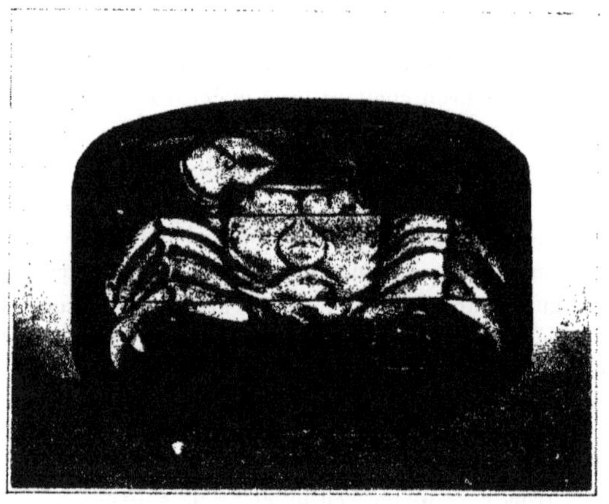

N° 154.

d'or, de nacre et de métal, d'un motif de champignons et d'une inscription. (Boîte à tabac.) Netzuké formé d'une rondelle d'agathe.

193. —— en bambou, sculpté d'un Foukourokou avec un enfant, et, sur l'autre face, d'ustensiles divers, dont quelques-uns en incrustation d'ivoire et de plomb. Sur le couvercle, décor d'une branche de pêcher. Netzuké représentant un éléphant.

194 —— à trois cases, en laque de couleurs, noir, rouge et or sculpté de deux cartouches rectangulaires à décor de paysages montagneux.

195. — Inro à deux cases, sculpté, à la façon du laque de Pékin, de deux cartouches représentant les sept sages dans un encadrement de laque rouge gravé, les personnages se détachant en laque d'or sur fond noir. Bouton et netzuké à sujet d'éléphant, tous deux en laque rouge.

196 —— à trois cases, en ivoire, sculpté sur chaque face, de quatre motifs de paysages. Travail chinois. Netzuké ivoire à sujet d'éléphant sur un trépied et coulant argent gravé.

197 — Très grand inro, sans divisions, offrant, en laques de couleur sur fond noir avec incrustations de nacre, des groupes de personnages en diverses attitudes.

Grès de la Chine

198. — Bol Temmokou de forme turbinée évasée. A l'intérieur se détachent, sous une couverte sombre jaspée brun jaune, deux motifs en réserve d'émail noir, représentant une branche d'arbre fleuri et un oiseau volant. L'extérieur, revêtu d'une couverte brun foncé à reflets métalliques et mouchetée de taches jaunes, imite l'effet de l'écaille. Bord cerclé d'argent. Diam. 0.15.

199. — Grand bol Temmokou rétréci par la base et s'évasant du bord. Couverte brun sombre offrant les stries dites *poil de lapin*. Bord cerclé de cuivre. Diam. 0.17.

200. — Bol Temmokou de forme turbinée. Couverte sombre à reflets métalliques, aux stries *poil de lapin*. Bord cerclé d'argent. Diam. 0.12.

201. — Bol Temmokou analogue au numéro précédent.

202. — Bol Temmokou analogue au numéro précédent.

203. — Vase élancé de forme cylindrique se rétrécissant vers la base. Couverte blanchâtre agatisée brun et vert. Haut. 0.27.

204. — Pot hexagone à couverte brune recouvrant un décor de cartouches et d'attributs gravés en reliefs. Haut. 0.23.

205. — Récipient à eau sous forme d'une chimère debout. Le dos, revêtu d'un tapis, est percé d'une ouverture circulaire garnie d'un bouchon en émaux champlevé, de travail japonais. Haut. 0,17.

206. — Cassolette tripode en terre dite de Bocaro, les anses formées d'une chimère et les pieds ornés de têtes grotesques. Couvercle en bois sculpté. Haut. 0,15.

207. — Deux objets en terre flammée bleue, représentant, l'un un oiseau perché sur un rocher, l'autre un tronc d'arbre auquel un oiseau s'est agrippé. Haut. 0,21.

Porcelaines céladon

208. — Grande coupe plate reposant sur trois griffes, le bord contourné d'une rangée de clous, surmontant une large frise ornementale gravée sous la couverte. Forme des célèbres coupes dites Kioun-yao de la dynastie Soung et datant évidemment de la même époque. Diam. 0.31.

209. — Coupe du même modèle, de dimension plus réduite et ornée, dans un médaillon central réservé en biscuit rouge, d'une tige de chrysanthème en reliefs gravés. Diam. 0.25.

210. — Deux coupes : l'une circulaire à bord lobé, l'autre de forme octogone, gravée au pourtour d'une frise florale.

211. — Potiche de forme trapue gaufrée d'une large frise florale encadrée par deux bordures à dessins géométriques. Couvercle lobé à décor de chrysanthèmes en gaufrage. Haut. 0.31.

212. — Grand vase à corps ovoïde surmonté d'un col évasé. Frises ornementales, en gaufrage, tirées de la plante. Haut. 0.59.

213. — Vase de forme ovoïde, à décor de rinceaux, en gaufrage. Haut. 0.26.

214. — Bouteille à col rétréci garni de deux anses supportant des anneaux fixes. Décor floral en gaufrage. Haut. 0.28.

215. — Vase analogue de moindre dimension. Haut. 0,20.

216. — Plat rond en céladon parsemé de fleurettes et de feuillages en émail blanc. Diam. 0,39.

217. — Deux petites pièces : Boîte à parfums en forme de fruit. — Godet à eau représentant deux oiseaux sur une roche.

218. — Deux pièces : Brique cintrée servant d'oreiller. — Ecran offrant une chimère en bas-relief, et gravé, sur l'autre face, d'une touffe de grand feuillage derrière un rocher.

219. — Pagode à trois étages, un groupe de personnages à l'intérieur. Haut. 0,28.

220. — Flambeau formé d'un personnage portant une tige. Haut. 0,23.

221. — Statuette du guerrier Shôki. Haut. 0,20.

222. — Statuette de Kwannin assise sur un rocher, un enfant sur ses genoux. Haut. 0,19.

223. — Douze vases de formes et de grandeurs variées.

224. — Quatre coupes et bols formes variées.

225. — Quatre coupes et bols : formes variées de petite dimension.

226. — Bol de forme évasée, divisé à l'intérieur par six côtes perpendiculaires se détachant en émail blanc. Bord cerclé d'argent. Diam. 0,16.

227. — Petit bassin orné à l'intérieur de trois enfants modelés en haut relief alternant avec un semis de feuilles d'eau. Diam. 0,16.

228. — Deux petits brûle-parfums. L'un sphérique à côtes de melon est terminé par un couvercle surmonté d'une chimère : l'autre, cylindro-ovoïde à reliefs de palmettes, est garni d'un couvercle d'argent simulant un treillis.

Porcelaines diverses de la Chine

229. — Bol campanulé de la période des *Soung*, gravé à l'intérieur d'un motif de roseaux, sous couverte crémeuse finement truitée. Bord cerclé d'argent. Diam. 0,15.

230. — Grand vase de la période des *Ming*, de forme quadrangulaire, évasée du haut et du bas et renflée à mi-hauteur par une section surbaissée, garnie de têtes de lion sur chacune des quatre faces. Le décor, polychromé, se compose, sur chaque pan, de motifs de dragons se tortillant au milieu de rinceaux fleuris. A la base du col une bande d'argent ciselée et ajourée, de travail japonais, se trouve rapportée pour cacher le raccord des deux parties superposées du vase, rapportées l'une sur l'autre avant la cuisson, suivant le mode de fabrication de cette période. Haut. 0,73.

231. — Petite potiche, balustre trapu, à fond gros bleu, portant modelées en reliefs jaune et turquoisé, trois tiges de pivoines alternées de papillons entre deux bordures ornementales. Un travail d'orfèvrerie japonaise complète ce vase en cerclant le bord d'une frise gravée de fleurs ornementales et en le couronnant d'un couvercle bombé, offrant, en large ciselure, le motif d'une pivoine épanouie. Période des *Ming*. Haut. 0,20.

232. — Pot sphérique de la période des *Ming*. Couverte blanche accidentée de trois coulées d'émail noir irisé, régulièrement espacées. Haut. 0,19.

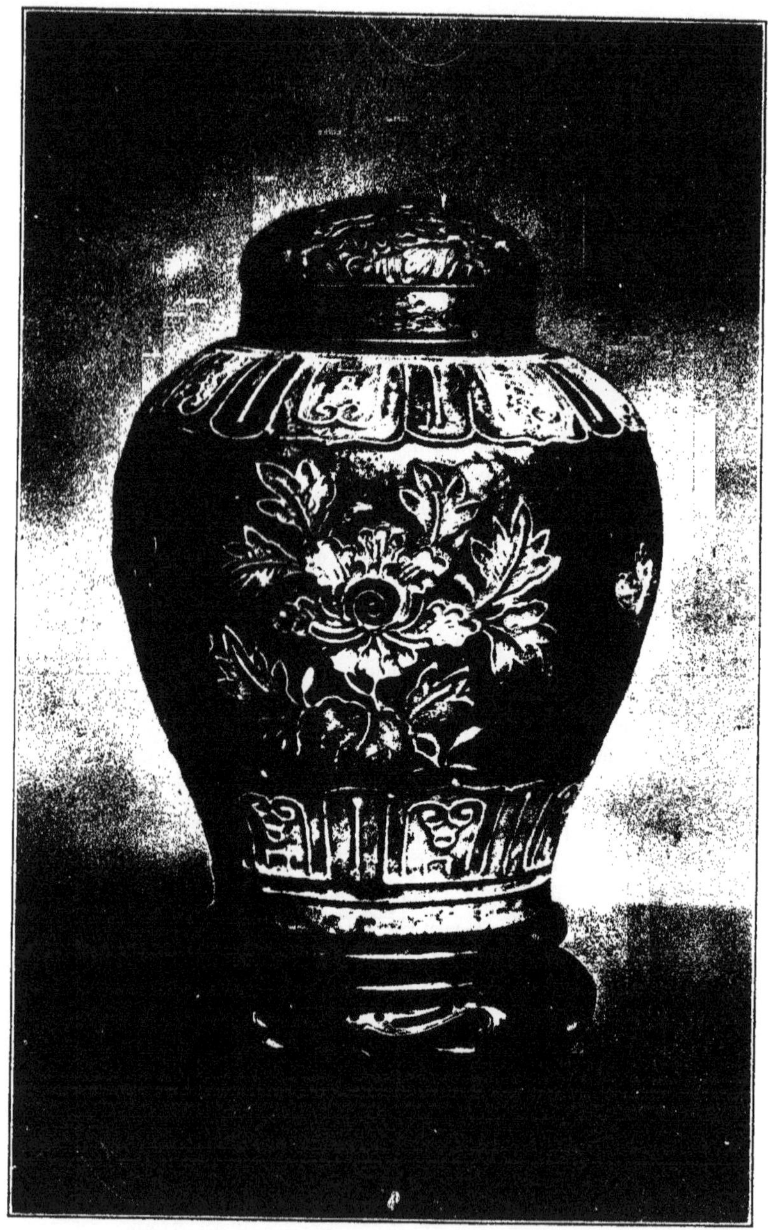

N° 234

233. — Paire de pots ovoïdes à col rétréci, décoré d'un cortège de personnages sacrés au milieu de rochers boisés. Frise florale sur l'épaulement. Période des *Ming*. Haut. 0.24.

234. — Bouteille à corps trapu, le col garni de deux têtes de lion. Décor de dragons au-dessus des flots, en bleu sous couverte et émaux polychromes. Période des *Ming*. Haut. 0.30.

235. — Petite potiche décorée de trois cartouches chargés d'animaux chimériques, entre des frises ornementales. Haut. 0.18.

236. — Coupe de forme oblongue, décorée de dragons et d'oiseaux de *Hô*. Long. 0.30.

237. — Deux petites bouteilles craquelées, de forme sphéroïdale. Période des *Ming*.

238. — Brûle-parfums composé d'un petit pot cylindrique reposant sur quatre pieds et flanqué de deux personnages affrontés, le tout supporté par une embase ajourée de forme circulaire. Le décor, en rouge et vert, se compose d'oiseaux de *Hô* au milieu d'entrelacs rouges. Période des *Ming*.

239. — Petit pot craquelé, décoré de fleurs en bleu noir sur fond craquelé. Couvercle en métal ajouré de fleurs, de travail japonais. Haut. 0.12.

240. — Boîte rectangulaire à décors bleus et blancs, offrant au pourtour des cartouches d'oiseaux parmi les fleurs et, sur le plat du couvercle, un paysage avec kiosques animés de personnages. Cette boîte, qui est de la période des *Ming*, a été curieusement aménagée au Japon pour servir d'écritoire par l'introduction d'un plateau en laque rouge où s'encastrent, outre la pierre à frotter, un compte-gouttes en émail cloisonné et un pinceau en porcelaine. Long. 0.23.

241. — Grande paire de potiches couvertes, à fond gros bleu, ornées d'un large décor d'or mat qui représente des plants de pivoines derrière une terrasse et offrant un lambrequin à l'épaulement. Les couvercles sont surmontés chacun d'une petite chimère en décor de couleur. Haut. 0,72.

242. — Paire de vases à corps ovoïdes aplatis, à cols garnis de deux anses. Fond gros bleu à décor d'or mat, représentant des personnages légendaires et des fleurs. Haut. 0,42.

243. — Vase de forme ovale à corps aplati et gravé d'arabesques. Couverte en brun jaspé. Haut. 0,20.

244. — Vase de forme quadrangulaire avec épaulement renflé. Sur chaque face se trouve réservé, entre deux petits médaillons, un cartouche à personnage se détachant au milieu d'un fond d'or vermiculé. Haut. 0,27.

245. — Vase à eau en forme de deux oiseaux accouplés au plumage rouge et vert.

246. — Deux petits pots bas, formés d'un baquet entouré de trois enfants en hauts reliefs.

247. — Pot à thé sphérique, décoré, sur fond jaune, de tiges de fleurs en émaux verts et bruns.

248. — Deux bols campanulés à fond gros bleu décoré de rinceaux d'or mat.

249. — Deux petites boites à décor bleu et blanc, l'une oblongue, l'autre de forme circulaire. Période des *Ming*.

250. — Petite chimère accroupie, couverte bleu clair, jaspée rouge.

251. — Godet à eau turquoise représentant un cheval accroupi.

252. — Bol évasé dont le pourtour est recouvert d'un fond rouge corail uni. Médaillon de dragon bleu sous couverte au centre intérieur.

253. — Petite bouteille piriforme, poudrée rose et blanc.

254. — Petite boîte lobée, dont le décor, de style européen, offre un buste féminin au centre du couvercle, deux rangées de caractères et de chiffres au pourtour, et une armoirie sous le fond de la boîte.

255. — Petite gourde à double renflement, revêtue d'une couverte brune jaspée de rouille.

256. — Petite jardinière surbaissée, à couverte brune jaspée rouge.

257. — Petite coupe en forme de champignon, à couverte sang de bœuf.

258. — Petit pot sphérique, à couverte bleu d'empois, garni à l'épaulement de deux glands en guise de boutons.

259. — Petite coupe à bord évasé. Elle est contournée d'une frise ajourée de bâtons rompus qui réserve, à distances égales, cinq médaillons dont chacun est orné, en hauts reliefs de biscuit, d'un groupe de personnages finement sculpté, appartenant au monde légendaire de l'antiquité chinoise.

260. — Deux petites coupes à bord évasé, dont les parois sont réticulées d'un ajourage à motifs de bâtons rompus, coupés par des rosaces.

261. — Deux petits bols à bord évasé, ajourés au pourtour d'un dessin d'entrelacs laissant en réserves pleines cinq médaillons chargés de paysages. Bords cerclés d'argent.

262. — Statuette blanche représentant Kwannin assise, une fleur de lotus à la main. Haut. 0,13.

263. — Groupe blanc en pâte tendre composé de deux personnages féminins devant une table chargée de livres et d'ustensiles d'écriture.

264. — Deux coupes blanches en pâte tendre, sous forme de feuille.

265. — Petit vase à eau blanc en pâte tendre, figurant une feuille munie, comme déversoir, d'une tige creuse au départ de laquelle se trouve modelé un crabe en relief.

266. — Deux groupes en porcelaine blanche, composés chacun d'une divinité à cheval. Haut. 0,23.

267. — Bol campanulé, orné, en or mat, d'un décor de rinceaux fleuris. Monture en argent ciselé de deux dragons aux ailes formant anses. Diam. 0,11.

268. — Bol de forme campanulée, en bleu et blanc à décor floral. Il est monté, en bronze doré, d'une bordure ciselée et reliée, par des cannelures à une embase évasée. Diam. 0,17.

269. — Vase de forme balustre garni d'anses en forme de poissons: couverte bleu lavande, recouvrant un décor de frises ornementales. Haut. 0,37.

270. — Bol de forme campanulée à fond bleu poudré, décoré, en or, de cartouches de paysages au milieu de fleurs au pourtour, et offrant au centre intérieur une réserve blanche décorée, en émaux de la famille verte, d'un oiseau au-dessus des fleurs. Diam. 0,19.

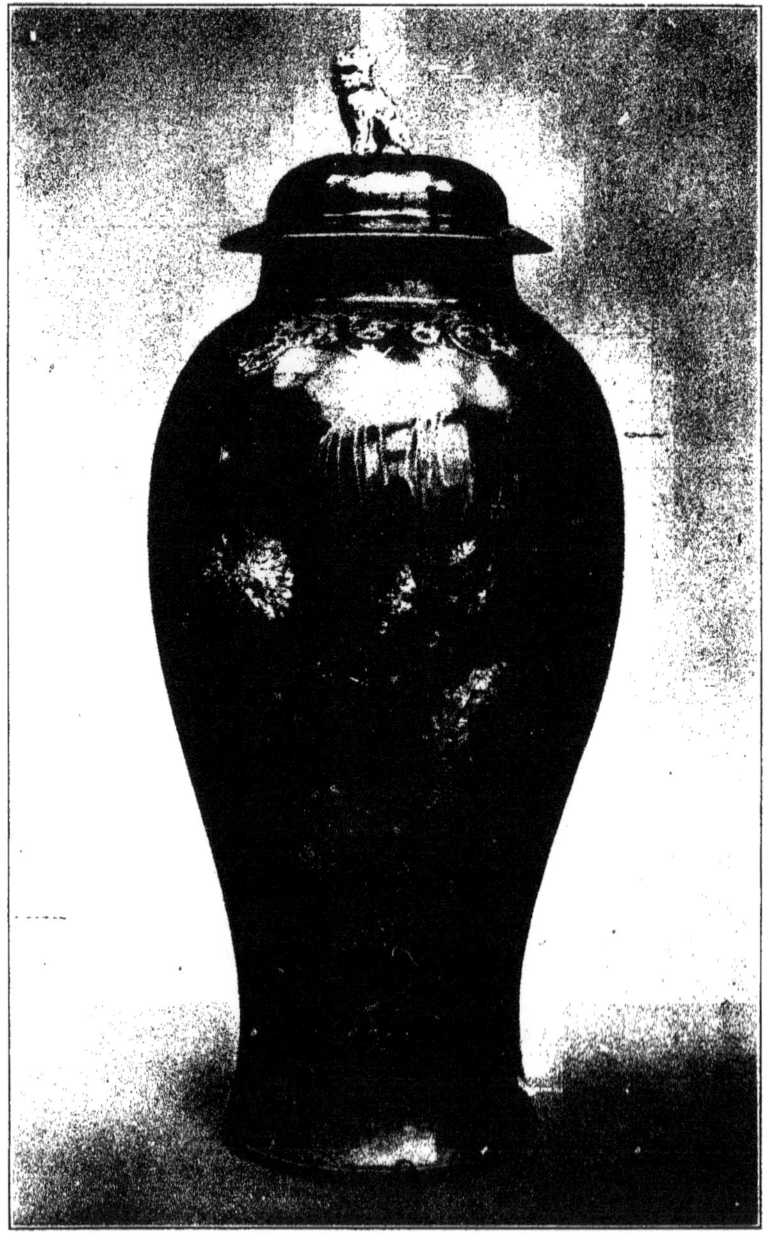

N° 241

271. — Bol à fond brun au pourtour et à fond gros bleu à l'intérieur. Diam. 0,17.

272. — Vase forme balustre à couverte rouge haricot. Haut. 0,24.

273. — Petite potiche en balustre hexagone, à décor de fleurs de la famille verte. Haut. 0,25.

274. — Aiguière de forme ovale et aplatie, décorée, en émaux de la famille verte, de médaillons de fleurs et d'oiseaux au milieu de rinceaux de chrysanthèmes. Haut. 0,35.

275. — Buire à bord ovalisé et décorée, en émaux de la famille verte, de fleurs et d'oiseaux. Haut. 0,25.

276. — Plat ovale à godrons, décoré, en émaux de la famille verte, de poissons et de crustacés à l'extérieur, et de tiges fleuries avec oiseaux au pourtour. Long. 0,39.

277. — Assiette décorée, en blanc sur blanc, de rinceaux de fleurs, le bord encadré de deux légères bordures d'or. Diam. 0,23.

278. — Théière de forme carrée, décorée de rinceaux fleuris en émaux de la famille verte. Haut. 0,21.

279. — Deux petits plats à bord octogone, décorés, en émaux de la famille verte, de fleurs et d'oiseaux, formant médaillons au centre d'une zone fleurie.

280. — Deux assiettes ornées, en émaux de la famille rose, de décors de fleurs et de coqs.

281. — Deux caisses de forme carrée, dressées sur des socles en forme de terrasse, dont chaque angle est orné d'une petite chimère.

Décor de personnages en costumes d'Européens, en des encadrements de fleurs. Haut. 0,15.

282. — Petit vase balustre bleu et blanc, offrant des tiges de pivoines et de chrysanthèmes. Haut. 0.22.

283. — Récipient bleu et blanc dont le corps sphérique est surmonté de six branches tubulaires maintenant un petit godet conique à une certaine distance au-dessus du corps du vase, autour duquel court une ronde de chimères jouant avec des boules. Haut. 0,22.

284. — Bitoung (vase à pinceaux) hexagone dont chaque face, réticulée d'alvéoles, réserve, en bleu et blanc, un cartouche de fleurs ou de paysages. Haut. 0.13.

285. — Vase en forme de balustre trapu, décoré, en émaux de tons pâles d'une superposition de zones à décors géométriques. Haut. 0.20.

286. — Brûle-parfums de forme rectangulaire avec couvercle surmonté d'une chimère, médaillons en émaux de tons variés au milieu d'un fond d'entrelacs.

287. — Bouteille, représentant une figure de danseuse, ornée d'un riche décor rouge et vert. Haut. 0.30.

288. — Tronçon de vase, forme balustre à quatre faces et décoré, en reliefs saillants, de scènes légendaires. Haut. 0.19.

289. — Petit perroquet jaune et vert. Haut. 0.16.

290. — Paire de petites potiches avec couvercle. Forme balustre à côtes de melon et décorée sur chaque face d'un groupe composé d'une femme et d'un enfant, encadré par un fond rouge d'or recouvrant le haut et le bas des vases. Haut. 0.22.

291. — Paire de petites potiches avec couvercle, forme balustre à godrons. Décor polychrome en reliefs, composé d'arbres en fleurs. Haut. 0,35.

292. — Paire de petites potiches avec couvercle ; forme balustre à godrons. Décor polychrome en relief représentant des pêchers en fleurs. Haut. 0,33.

293. — Paire de vases avec couvercles en forme de balustre ovale garni au col d'anses en dragons. Style dit *Mandarin*. Au milieu d'un fond rouge à entrelacs, chargés d'un décor de feuillages et de fleurs en reliefs saillants, se trouvent réservés, sur chaque face principale ainsi que sur les côtés latéraux, des médaillons figurant des scènes familières au milieu de sites agrestes et de jardins. Couvercles surmontés d'un sujet d'enfant assis au milieu des fleurs. Haut. 0,36.

294. — Bouteille à corps sphérique, dont le décor, en relief, représente, sur fond bleu, des personnages au milieu d'arbres et de semis d'attributs. Haut. 0,43.

295. — Vase de forme cylindrique rétrécie de la base. Décor de dragons et de poissons sur fond jaune. Haut. 0,44.

296. — Pot à gingembre ovoïde. Semis de fleurs sur fond jaune. Haut. 0,23.

297. — Paire de jardinières à pans, de forme élancée et s'évasant du bord à l'intérieur duquel repose un plateau ajouré de cinq trous circulaires pour livrer passage aux bouquets. Le décor, style *Compagnie des Indes*, se compose aux quatre angles de ceps de vigne en relief, parmi lesquels se jouent des écureuils et sur les quatre faces principales de motifs de fleurs. Haut. 0,21.

298. — Jardinière basse de forme lobée à deux anses rocailles.

Travail de la Compagnie des Indes, style Louis XV, offrant une grande armoirie européenne au centre intérieur, avec répétition au pourtour de la même armoirie en deux médaillons surmontés de rubans latéraux au milieu d'un semis de fleurs. Diam. 0.23.

299. — Petite soupière de forme ovale lobée, avec plateau, décorée d'un semis de fleurs. Compagnie des Indes. Long. 0.22.

300. — Service à thé, composé d'une théière et d'un sucrier de forme cylindro-ovoïde, d'un pot à lait de forme ovale lobée, d'un flacon à thé de forme plate et, six petites tasses sans anse à bords festonnés avec soucoupes, le tout orné d'un décor de larges feuillages garnis de fleurs. Compagnie des Indes.

301. — Deux petites coupes de forme lobée, dont l'une offre le décor d'une jeune femme dans un jardin et l'autre une armoirie entourée de fleurs. Compagnie des Indes.

302. — Grande coupe plate à bord festonné, sur piédouche. Elle est couverte, en émaux verts, rouges et bleus sur fond jaune, d'un décor de cartouches et de bordures d'ordre ornemental. Style siamois. Diam. 0.28.

303. — Deux bols de forme évasée à fonds polychromes décorés au pourtour d'une zone de figures bouddhiques. Style siamois.

304. — Deux bols couverts, décor assorti aux deux bols qui précèdent. Style siamois.

305. — Petit bol évasé, décor analogue aux précédents. Style siamois.

306. — Deux bols couverts, à fonds polychromes décorés de bordures et d'ornements variés. Style siamois.

307. — Trois coupes lobées sur piédouche, richement ornées, sur fonds de couleurs, d'ornements variés. Style siamois.

308. — Six petites coupes; décor analogue aux précédentes. Style siamois.

309. — Cinq petits pots de forme sphéroïdale décorés d'ornements divers. Style siamois.

Céramiques du Japon

310. — Potiche en porcelaine d'Arita, richement ornée, en bleu sous couverte, en rouge, noir et or, d'un décor d'arbres fleuris animés d'oiseaux et coupé, de haut en bas, par deux bandes sinueuses, partant d'un dessin de lambrequin qui recouvre l'épaulement de la potiche. Couvercle bombé, surmonté d'un oiseau de proie dont la dorure semble dissimuler une réparation. Haut. 0,64.

311. — Brûle-parfums en porcelaine d'Arita, composé d'une cage sur un plateau à quatre pieds. Il est ajouré sur toutes les faces d'alvéoles, laissant en réserves pleines des motifs de poissons dans les cascades et d'arbres coupés de nuages. Haut. 0,14.

312. — Petit brûle-parfums en porcelaine d'Arita à fond rouge orné de réserves blanches rehaussées d'or qui représentent des semis de fleurs et des rinceaux. Sur l'une des faces une fleur de chrysanthème se détache, en découpages ajourés sur un fond de second plan. Un couvercle argenté est finement ciselé et ajouré d'un semis de chrysanthèmes parmi les rinceaux.

313. — Petit brûle-parfums en porcelaine d'Arita. Cette pièce, analogue à la précédente, s'en différencie par le couvercle, lequel, au lieu d'être en métal, est exécuté en porcelaine et se trouve surmonté d'une petite chimère en même matière.

314. — Brûle-parfums en porcelaine d'Arita, de forme rectangulaire et monté sur quatre pieds élancés. Il est décoré, en vert et rouge, de frises d'animaux fantastiques parmi des rinceaux.

315. — Cassolette en porcelaine d'Arita de forme quadrangulaire. Le corps rétréci du brûle-parfums se termine par un couvercle surmonté d'une chimère. Décor de fleurs et d'ornements en émaux rouges et verts.

316. — Deux brûle-parfums en porcelaine d'Arita. L'un d'eux, en forme de losange et muni d'un couvercle, offre quatre cartouches à décors variés dans un entourage noir, et l'autre, rectangulaire et sans couvercle, est orné de tiges de fleurs sur fond blanc.

317. — Deux cassolettes en porcelaine d'Arita. L'une, de forme irrégulière, avec couvercle en porcelaine, est décorée d'oiseaux fantastiques parmi des feuillages; l'autre, en forme de coupe libatoire avec couvercle de métal, est décorée d'un semis de chrysanthèmes héraldiques.

318. — Deux brûle-parfums en porcelaine d'Arita polychrome. Forme hexagone à motifs variés et forme cylindrique munie d'un couvercle de métal ajouré, avec cartouches de fleurs et d'oiseaux sur un fond d'entrelacs.

319. — Petit vase à eau, sphérique, décoré de plantes marines à fleurs jaunes dans un fond vert à reflets métalliques.

320. — Deux boîtes en porcelaine d'Arita. L'une, sphérique, représentant un dragon bleu enroulé parmi des vagues rouges; l'autre, ovoïde côtelé à fond bleu d'empois semé de fleurettes en réserves de biscuit.

321. — Bouteille ovoïde à petit goulot, décorée de rinceaux et d'oiseaux de *Hô* en émaux polychromes. Haut. 0,19.

322. — Petite théière sphérique à décor de fleurs en rouge et or, mêlées à des émaux verts.

323. — Six coupes et bols en porcelaine de Hizen, de modèles variés, et décorés de motifs divers à dominante bleue et rouge.

324. — Coupe à bord surélevé et dentelé. Décor de lambrequins au pourtour extérieur et intérieur; médaillon d'oiseaux sur arbres fleuris dans le fond.

325. — Bouteille à corps sphérique, un dragon en relief s'enroulant autour du col. Tige de fleurs en rouge et or rehaussés d'émaux verts. Porcelaine de Hizen. Haut. 0,30.

326. — Deux petits brûle-parfums rectangulaires, à décor floral en rouge et vert; l'un surmonté d'un couvercle ajouré d'alvéoles, l'autre sans couvercle. Porcelaine de Hizen.

327. — Théière en forme d'oiseau décorée en bleu sous émail mélangé de rouge et de vert. Porcelaine de Hizen.

328. — Brûle-parfums rectangulaire à quatre pieds garni de deux anses en volute, le couvercle surmonté d'une chimère. Décor de fleurs et d'ornements en émaux polychromes. Porcelaine de Hizen.

329. — Statuette représentant une femme portant un panier, la robe enrichie d'un décor de semis de fleurs en émaux bleus et verts. Porcelaine de Hizen. Haut. 0,30.

330. — Bouteille à saké représentant Hotei monté sur son sac. Porcelaine de Hizen. Haut. 0,21.

331. — Quatre statuettes de femmes décor rouge et or. Porcelaine de Hizen.

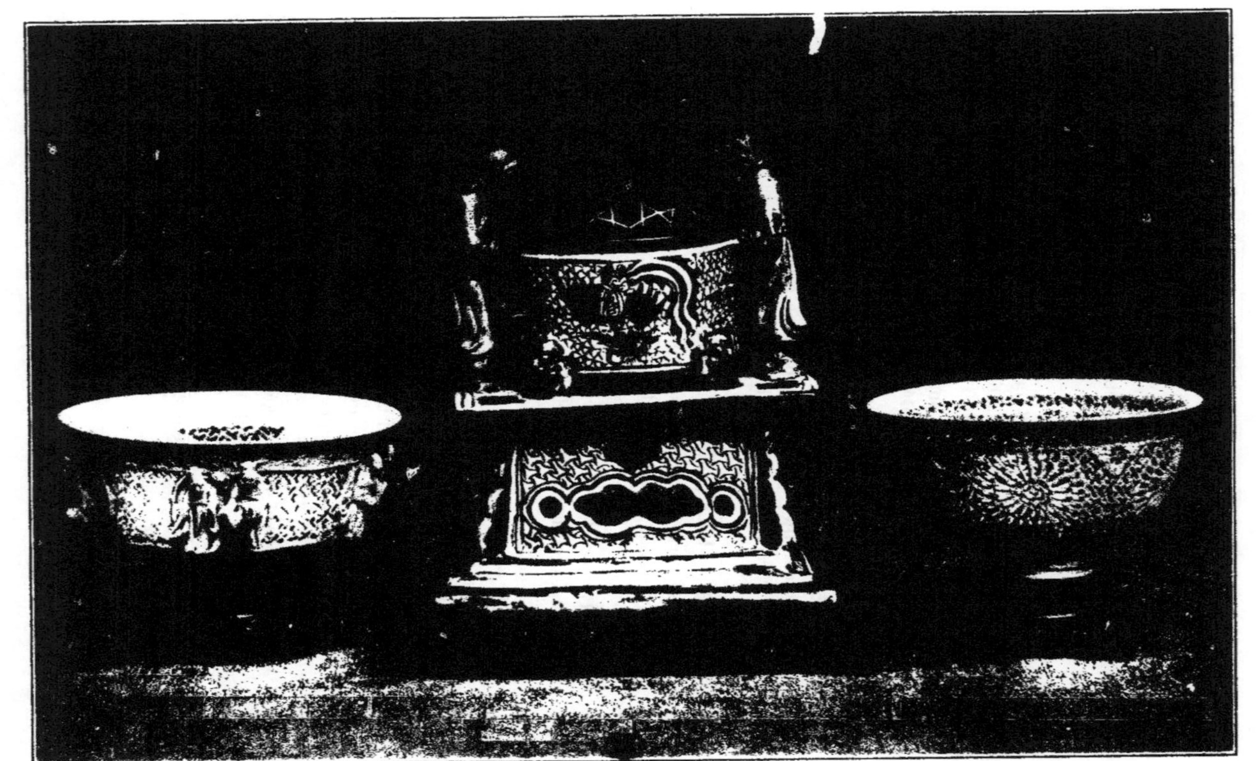

N° 259 N° 258 N° 260

332. — Grande chimère en porcelaine de Hizen, représentée assise, à décor bleu, au grand feu, rehaussé d'un semis d'ornements rouges et or. Haut. 0,40.

333. — Grand plat en porcelaine de Hizen, offrant, en couleur et or, une scène de personnages au centre entourée d'une bordure d'entrelacs et de fleurs. Diam. 0,45.

334. — Pot en porcelaine de Hizen, décoré de lambrequins en couleur et or. Il affecte la forme d'une bourse dont le nœud est exécuté en argent finement ciselé. Le vase est surmonté d'un couvercle en forme de la perle sacrée, en argent ciselé et rehaussé d'incrustations d'or. Haut. 0,22.

335. — Cinq bols de forme turbinée en porcelaine blanche couverte, à l'intérieur, d'un semis très serré de feuilles, en bleu sous couverte. Les bords cerclés d'argent.

336. — Plateau en porcelaine de Koutani, de forme lobée et décoré d'animaux de couleur ainsi que d'un groupe d'oiseaux dans un paysage agreste.

337. — Deux bols en porcelaine de Koutani, de forme turbinée, à fond rouge, corail au pourtour. A l'intérieur un dessin gaufré, représentant des oiseaux à queue empanachée, et se détachant sur des terrains fleuris, est enrichi d'or et d'émaux de couleur.

338. — Petit vase forme potiche : Oiseau sur tige fleurie se détachant en émaux de couleur sur fond blanc. Par Kakiyémon (XVIIIe).

339. — Quatre petites jardinières octogones à bords évasés. Décor de fleurs et d'animaux de couleur sur fond blanc. Par Kakiyémon.

340. — Six petites assiettes décorées de branches de pommiers en fleurs. Style Kakiyémon.

341. — Neuf petites assiettes ornées de décors de fleurs variées. Style Kakiyémon.

342. — Paire de bouteilles ovoïdes à long col étiré, décorées d'un semis de fleurs et d'un vol d'oiseaux. Style Kakiyémon. Haut. 0,25.

343. — Onze petites assiettes à bord dentelé, décorées, en bleu et blanc, d'un motif de dragons au-dessus des vagues. Porcelaine de Hizen.

344. — Coq en porcelaine d'Arita, au plumage rouge et vert. Haut. 0,20.

345. — Groupe en porcelaine d'Owari représentant le groupe légendaire d'un Saint avec ses deux acolytes accompagnés d'un tigre et tous endormis. Larg. 0,37.

346. — Deux statuettes de femmes en costume chinois, tenant chacune un vase. Haut. 0,38.

347. — Petit vase ovoïde en porcelaine d'Imado; couverte brune fouettée d'émaux rouge, jaune et bleu.

348. — Paire de renards affrontés, en poterie d'Owari, montés, chacun, sur une embase rectangulaire gravée des perles symboliques. Haut. 0,28.

349. — Coupe ovale en poterie de Higo, figurant un sac de riz avec, sur chaque face, sa marque en forme de croix se détachant en réserve blanche truitée au milieu du fond brun. Deux autres ornements décorent chaque extrémité de la coupe, formant un motif rayonnant, incrusté en émail blanc dans la couverte brune. Long. 0,20.

350. — Vase en grès de Karatsu avec renflement médian surmonté d'un col évasé et portant deux anses à sa partie inférieure. Décor dit Michima, composé de frises géométriques incrustées en émail blanc dans une couverte céladonnée. Haut. 0,18.

351. — Bol cylindrique; décor analogue au vase qui précède. Genre dit : Ounkwakou. Haut. 0,10.

352. — Bol en grès de Karatsu, genre Temmokou, en émail mat à ton de rouille. Bord cerclé d'argent. Diam. 0,13.

353. — Deux bols en grès de Séto à couverte brune. L'un, décoré à l'intérieur d'un semis de fleurettes en émail noir; l'autre agatisé de traînées d'émail jaunâtre.

354. — Pot à thé ovoïde en poterie de Takatori. Émail brun fouetté de rouge.

355. — Bol en poterie de Sôma, forme sphérique. Il est marbré, sur fond brun, de traînées d'émail jaunâtre.

356. — Bol en poterie d'Awaji, de forme hexagone. Couverte jaune tachetée et marbrée d'émail noir.

357. — Petite potiche ovoïde, couverte bleuâtre jaspée d'émail rouge à reflets métalliques. Haut. 0,16.

358. — Deux pots à thé à corps sphérique, l'un en terre rouge, est garni au col d'une rangée de perles d'émail blanc; l'autre, en terre noire, est partiellement laqué d'or en motifs variés.

359. — Grand vase de forme balustre à fond jaune couvert, en émaux verts, violets et bleus, d'un décor de rinceaux orné de grandes fleurs. Porcelaine de Koutani. Haut. 0,38.

360. — Plat rond, couvert d'un fin décor rouge composé d'un motif de dragons au milieu d'entrelacs encadrés de bordures variées. Porcelaine de Koutani. Diam. 0,39.

361. — Petite jardinière quadrilobée en porcelaine de Koutani, le pourtour offrant des oiseaux et des fleurs en bleu au grand feu dans un fond rouge, et l'intérieur décoré d'une alternance de panneaux verts et jaunes agrémentés d'ornements noirs.

362. — Cinq godets de forme lobée, en porcelaine de Koutani, décorée d'ornements verts au milieu d'un fond jaune.

363. — Petite boîte rectangulaire en porcelaine de Koutani rouge, et décorée sur le couvercle de deux personnages accroupis dans un motif d'entrelacs.

364. — Vase de forme conique allongée; poterie brune, jaspée de taches jaunâtres.

365. — Petit groupe en grès de Bizen, représentant deux chimères se battant.

366. — Petite chimère à la boule, en poterie noire.

367. — Coupe évasée en porcelaine de Kioto, l'intérieur gaufré d'un décor de fleurs. Couverte rosée et ton d'ivoire.

368. — Deux objets en terre brune mate, décors ciselés : Vase à quatre faces, décoré sur les panneaux principaux d'un tigre et d'un dragon dans les bambous, le col découpé à jour. — Théière à pans, ornée d'un décor de nuages et d'inscriptions.

369. — Petit flacon en forme de gourde. Grès de Bizen.

370. — Bol à fond noir sur couverte jaune dont le décor consiste, au pourtour, d'un semis de rosaces et d'armoiries de paulownia en or, rouge et argent. Signé : *Ninsei*. Diam. 0,13.

371. — Petit bol dont le pourtour est entièrement couvert d'une foule serrée de personnages tirés de la mythologie et de la légende.

372. — Théière en poterie verte de Kioto. Forme sphérique, le bec et l'anse formés d'une tête d'oiseau et d'un rat, l'épaulement garni de têtes de lion.

373. — Deux brûle-parfums en poterie de Kioto, représentant un casque de ton brun rehaussé de rouge, de vert et d'or ; l'autre, de forme conique, émaux polychromes et fermé par un couvercle d'argent ajouré.

374. — Trois boîtes à parfums. l'une : signée *Ninsei*, offre sur ses huit pans les huit vues du lac d'Omi ; la seconde également signée *Ninsei*, représente un canard au plumage en or et couleurs : la dernière est figurée par un enfant s'enveloppant du sac de Hotei.

375. — Bouteille piriforme de Kiyomidzu. Décor de paysage en bleu sous couverte crémeuse.

376. — Pot à eau sphérique à décor brun de style ornemental. Vieux Satsuma.

377. — Petite bouteille à corps sphérique surmonté d'un long col cylindrique. Satsuma blanc.

378. — Petit brûle-parfums de forme triangulaire en grès de Kioto, offrant, sur chaque pan, sur fond doré, un décor d'oiseaux et de feuillage.

379. — Deux vases de forme ovoïde : Fond noir à décor de fleurs de couleurs. — Décor de losanges vert et or sur fond truité.

380. — Statuette en poterie de Kioto, représentant un guerrier assis, le costume richement orné en émaux polychromes.

381. — Bouteille en forme de gourde à double renflement, en grès brun jaune gaufré d'un décor de rinceaux fleuris en émaux polychromes.

382. — Pot ovoïde en poterie de Satsuma, décoré d'ornements noirs sous couverte fauve, style coréen. Couvercle en cuivre doré, orné d'un fruit. Haut. 0,21.

383. — Deux coupes en poterie de Satsuma à couverte blanche truitée très finement décorées en couleur et or. L'une, en forme de chrysanthème, offre un semis de fleurs diverses, et l'autre en calice de camélia, est ornée d'un semis de tiges fleuries de la même plante. Diam. 0,29.

384. — Brûle-parfums en poterie de Satsuma, de forme ovoïde à piédouche et terminé par un couvercle en bronze doré et ajouré sur lequel se dresse une chimère. Décor, en or et couleurs, de deux médaillons à oiseaux fantastiques, réservés dans un fond de nuages. Haut. 0,20.

385. — Petit tube cylindrique à décor de chrysanthèmes. Satsuma couleurs et or.

386. — Deux bols hémisphériques en Satsuma. Couverte truitée décorée de fleurs en couleur et or.

387. — Petit vase hexagone en poterie de Satsuma, orné d'un délicat décor de fleurs en couleurs et or.

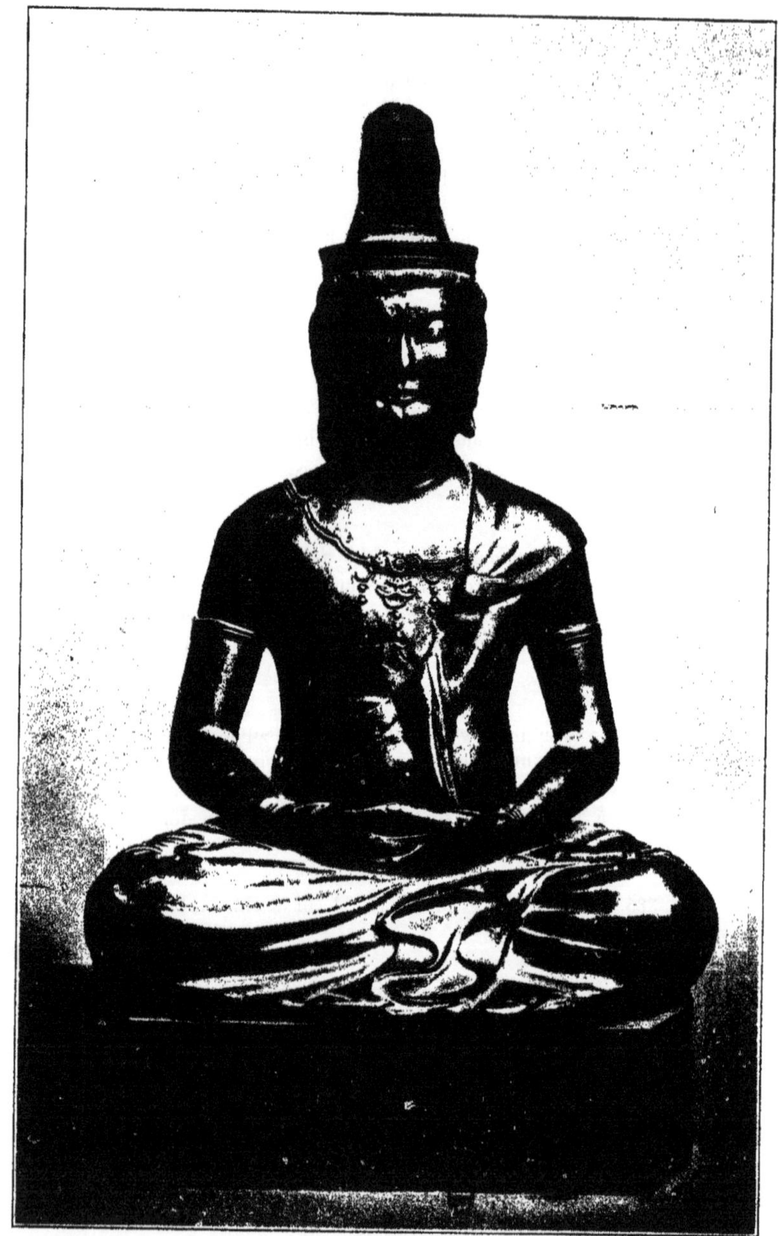

N° 390

388. — Petite bouteille à pans, surbaissée, en poterie de Satsuma. Bambous et pruniers fleuris en couleurs et or sur fond crème.

389. — Inro à trois cases en porcelaine rouge et or à motifs de dragons, netsuké en porcelaine blanche, figurant un petit chien.

Bronzes

390. — Figure en bronze anciennement doré, représentant Daï-Nitchi assis, les mains posées dans le giron. Pièce de très beau style. Haut. 0,31.

391. — Coupe à pied en forme de calice ; patine verdâtre en grande partie recouverte par une ancienne dorure du plus somptueux effet. Haut. 0,15.

392. — Statuette représentant un Sennin, debout, le bras droit allongé le long du corps, le bras gauche ployé, la tête tournée vers la gauche. Pièce très vivante de modelé, d'une fonte grasse et nerveuse. Travail chinois. Haut. 0,19.

393. — Brûle-parfums représentant un canard, la tête levée, le bec entr'ouvert. Le décor des plumes est vigoureusement incisé sur les ailes et la queue. Pièce d'une exécution très franche recouverte de sa dorure ancienne, avec réserve, sur le ventre, d'une belle patine vert-de-grisée. Haut. 0,22.

394. — Kwannon assis sur le lotus, une jambe pendante, le coude appuyé au genou droit, dans une pose méditative. Bronze doré, d'une patine très chaude, avec incrustation de cabochons dans le diadème. Haut. 0,41.

395. — Petit brûle-parfums représentant un lapin à très longues oreilles, accroupi, la tête levée. Haut. 0,14.

396. — Brûle-parfums représentant une oie debout, le cou allongé, une patte repliée sous le ventre. Pièce d'une exécution souple et grasse, et qui, par l'extrême minceur de ses parois, dénote, chez le fondeur, une habileté technique exceptionnelle. Un socle en pierre verte imitant un rocher a été rajouté postérieurement. Haut. totale, 0,56; haut. du bronze 0,35.

397. — Statuette d'un Bodhisatwa debout, en cuivre repoussé et doré avec plaque d'émail sur la poitrine. Haut. 0,23.

398. — Brûle-parfums représentant un cavalier, le corps tourné vers la gauche, monté sur une mule : bronze partiellement doré avec traces de peinture sur les vêtements et le harnachement. Travail chinois. Haut. 0,28.

399. — Grand brûle-parfums en forme de chimère, la patte appuyée sur une boule et la tête tournée à gauche. Haut. 0,49.

400. — Flambeau formé d'une tige posant sur une boule ajourée que maintiennent deux chimères debout sur une base hexagonale. Haut. 0,27.

401. — Brûle-parfums, représentant un lapin accroupi, la tête dressée, les oreilles rabattues : patine brune nuagée de rouge et de vert. Haut. 0,16.

402. — Deux brûle-parfums représentant deux chimères accroupies : l'une se retournant, la patte posée sur une boule ajourée à longue cordelière, l'autre levant une patte et tournant la tête à droite. Belle fonte vert-de-grisée. Haut. 0,19.

403. — Statuette de Kwannon, debout sur un rocher, et faisant, de la main droite, un geste mystique. Travail chinois. Haut. 0,33.

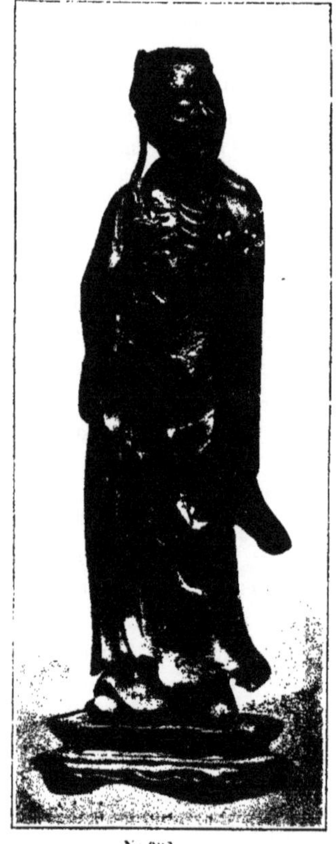

N° 392.

404. — Brûle-parfums représentant un canard, debout sur un socle quadrilobé, la tête tournée à gauche ; le dos, formant couvercle, est maintenu par une charnière. Patine brune, rehaussée d'or sur les ailes et sur la tête. Haut. 0,27.

405. — Aiguière hexagonale, à longue anse recourbée et bec élancé dont le départ figure un mascaron chimérique. Chacune des faces est incrustée d'une feuille d'étain, avec en réserve du cuivre, un décor de fleurs et d'oiseaux rappelant les incrustations de Yoshiro. Haut. 0,29.

406. — Petit vase à panse piriforme et long col élancé, surmonté d'une embouchure cylindrique à décor de grecques, et flanqué d'anses à têtes de chimères. Patine claire nuancée de rouge. Haut. 0,26.

407. — Petit vase à large col, rappelant la forme d'un sac de riz lié par de fortes cordes. Patine noire. Haut. 0,13.

408. — Brûle-parfums, représentant un sage chinois assis sur le

dos d'un bœuf. Incrustation de cabochons sur la bordure du vêtement et les souliers. Haut. 0,30.

409. — Grand flambeau composé d'une haute tige ajourée autour de laquelle s'enroule un dragon, et que supportent deux chimères dressées sur les pattes de derrière; base quadrilobée gravée d'une frise de grecques. Haut. 0,70.

410. — Vasque porte-bouquet, de forme conique très évasée. Elle repose sur un socle asymétrique figurant une vague aux crêtes écumantes, d'une liberté d'exécution remarquable. Sur le pourtour extérieur, décor de dragon dans les nuages. L'intérieur est niellé d'argent, à motif de cigognes. Haut. 0,18.

411. — Porte-bouquet de forme cylindrique sur pied étranglé, avec anses figurant deux dragons. Il est contourné d'une large zone à décor de grecques, offrant, sur chaque face, l'armoirie à l'aigle bicéphale imitée des grès allemands. Haut. 0,13.

412. — Petit modèle de canon, décoré en relief, d'un semis de chrysanthèmes et d'un motif de dragon s'enroulant autour d'un sabre. Affût à glissière en bois, à garnitures de cuivre et de fer. Long. 0,20.

413. — Brûle-parfums représentant un coq; patine brune rehaussée de rouge sur la crête. Les yeux sont incrustés en verre. Haut. 0,30.

414. — Petit vase à douze pans, avec arêtes en relief reliées transversalement par deux bâtes médianes, celles-ci dorées, ainsi que les arêtes. Le décor comporte, dans le bas, un enlacement touffu de rinceaux et, sur les autres parties, une ornementation géométrique de grecques et de losanges. Haut. 0,17.

415. — Paire de flambeaux à trois pieds supportant une colonne formée d'une succession de gorges ajourées à décor de feuillage, et coupées d'une bague et d'un renflement sphérique, le tout accoté sur trois faces d'arêtes verticales à motif de rinceaux. Haut. 0,40.

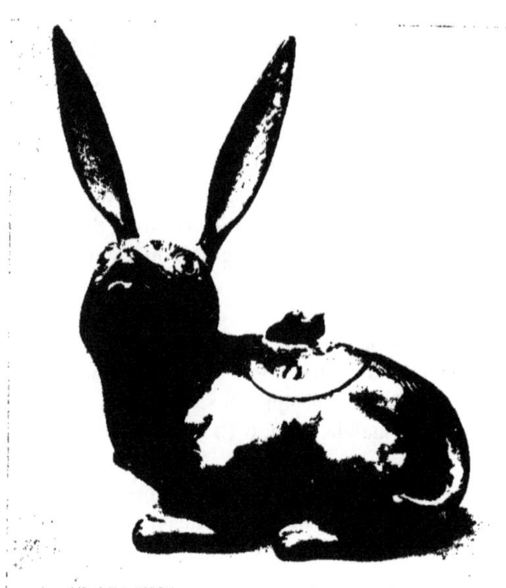

N° 395

416. — Paire de flambeaux à trois pieds, dont la tige représente un dragon enroulé en forme de huit. Haut. 0,40.

417. — Vase balustre de forme trapue, avec anses représentant deux petites chimères agrippées au flanc du vase. Patine brune tachetée de rouge et de noir. Haut. 0,18.

418. — Lanterne à corps circulaire, surmontée d'une chimère accroupie, la patte sur une boule, au centre d'une large corniche à cinq pointes, le tout en fonte ajourée de rinceaux, avec figures en bas-reliefs sur les côtés. Haut. 0,32.

419. — Pagode à trois étages posant sur un socle de profil incurvé, ajouré sur les quatre faces. Haut. 0,71.

420. — Deux vases à long col et panse renflée, le tout en entrelacs de rinceaux à jour. Haut. 0,15.

421. — Paire de flambeaux, à tige cylindrique coupée d'un tore ajouré de rinceaux et reposant sur une coupe flanquée de trois petits pieds. Décor de vagues écumantes. Haut. 0,17.

422. — Bassin à trois pieds de forme hexagonale avec bord circulaire; décor de palmettes en repoussé et pieds fondus, représentant des têtes d'éléphants stylisées. Patine brun rouge.

423. — Grande coupe plate en cuivre, sur tige à double renflement, avec base circulaire et bombée. Décor à l'acide, sur le pourtour extérieur, sur la base et sur la surface intérieure, avec palmettes en repoussé et incrustations d'émaux bleus et blancs. Haut. 0,21.

424. — Brûle-parfums en bronze jaune représentant un canard à aigrette, la tête levée, une patte repliée sous le ventre. Haut. 0,26.

425. — Brûle-parfums représentant un rocher sur lequel grimpent quatre tortues marines. La plus grande, au sommet, avec carapace champlevée d'émaux rouges et verts, en porte une petite sur son dos. Haut. 0,20.

426. — Brûle-parfums en forme de langouste. Patine claire de ton brunâtre. Larg. 0,33.

427. — Brûle-parfums circulaire de forme très surbaissée, avec deux mascarons de chimères et couvercle ajouré figurant un dragon dans les nuages. Haut. 0 17.

428. — Brûle-parfums représentant un éléphant portant sur son dos un vase à corps sphérique. Incrustation de cabochons sur le harnachement. Haut. 0.26.

429. — Brûle-parfums représentant un cavalier en costume chinois, monté sur une mule. Patine claire. Haut. 0.33.

430. — Brûle-parfums reposant sur trois têtes d'éléphants, avec anses relevées et couvercle ajouré surmonté d'un éléphant accroupi : le pourtour du vase offre un décor de rinceaux en relief. Incrustation de cabochons rouges et verts. Haut. 0.24.

431. — Pot à cendres, de forme rectangulaire à coins arrondis, posant sur quatre pieds et flanqué de deux anses relevées : le couvercle, orné de quatre petits anneaux est incrusté en émaux translucides, de médaillons à sujets de fleurs. Bronze brun clair. Haut. 0.06.

432. — Bouteille à eau en cuivre doré de forme basse et lobée, à bec recourbé et anse mobile ; le plat du couvercle est occupé par une plaque de faïence à deux personnages, en bleu et blanc : sur les côtés, un décor, en gravure, de rinceaux et de grecques.

433. — Deux godets à eau, en forme de fruit, rehaussés d'émaux verts et jaunes.

434. — Deux boîtes, l'une rectangulaire, offrant, sous un ajour de rinceaux, l'imitation d'un bâton d'encre de Chine, l'autre en forme d'éventail, avec couvercle surmonté d'un cerf.

435. — Deux pièces : Suspension porte-bouquet, à quatre têtes d'éléphants servant de crochets pour la chaînette, et plaque rectangulaire, en hauteur, à sujet d'un oiseau de Hô dans un paysage.

436. — Quatre pièces : Jeu de cachets posé sur un socle à tiroir et surmonté d'une chimère accroupie : — Presse-papier représentant une princesse chinoise couchée sur une large feuille : — Porte-pinceau formé par une ronde de trois singes : — Cadenas en bronze à sujet de deux poissons.

437. — Quatre pièces : Brûle-parfums représentant un chameau accroupi : — Petit brûle-parfums à couvercle conique, supporté par trois singes assis : — Pochette hexagonale en cuivre incrusté de deux médaillons : — Coupe basse à deux anses.

438. — Deux brûle-parfums en bronze doré, l'un tripode à décor de palmettes et flanqué de trois anses, l'autre à pied circulaire, avec décor de fleurs et d'oiseaux en bas-relief; chacune des deux pièces surmontée d'une chimère. Haut. 0,18 et 0,14.

439. — Deux petits vases en bronze doré, de forme balustre avec cols s'évasant en cornets et flanqués chacun d'arêtes verticales sur quatre faces. Décor de chimères, d'oiseaux, de dragons et de rinceaux. Haut. 0,15 et 0,12.

440. — Deux statuettes en bronze doré représentant des sages de la Chine. Haut. 0,22.

441. — Brûle-parfums en bronze doré figurant un oiseau de Hô, à longue queue relevée. Haut. 0,22.

442. — Petite chapelle en bronze doré, de forme hexagonale, avec socle au lotus sur piédouche à gradins quadrilobés. La niche, dont la partie supérieure, à parois de verre, renferme des perles sacrées, est gravée sur quatre faces d'un décor de lotus, et présente, sur les

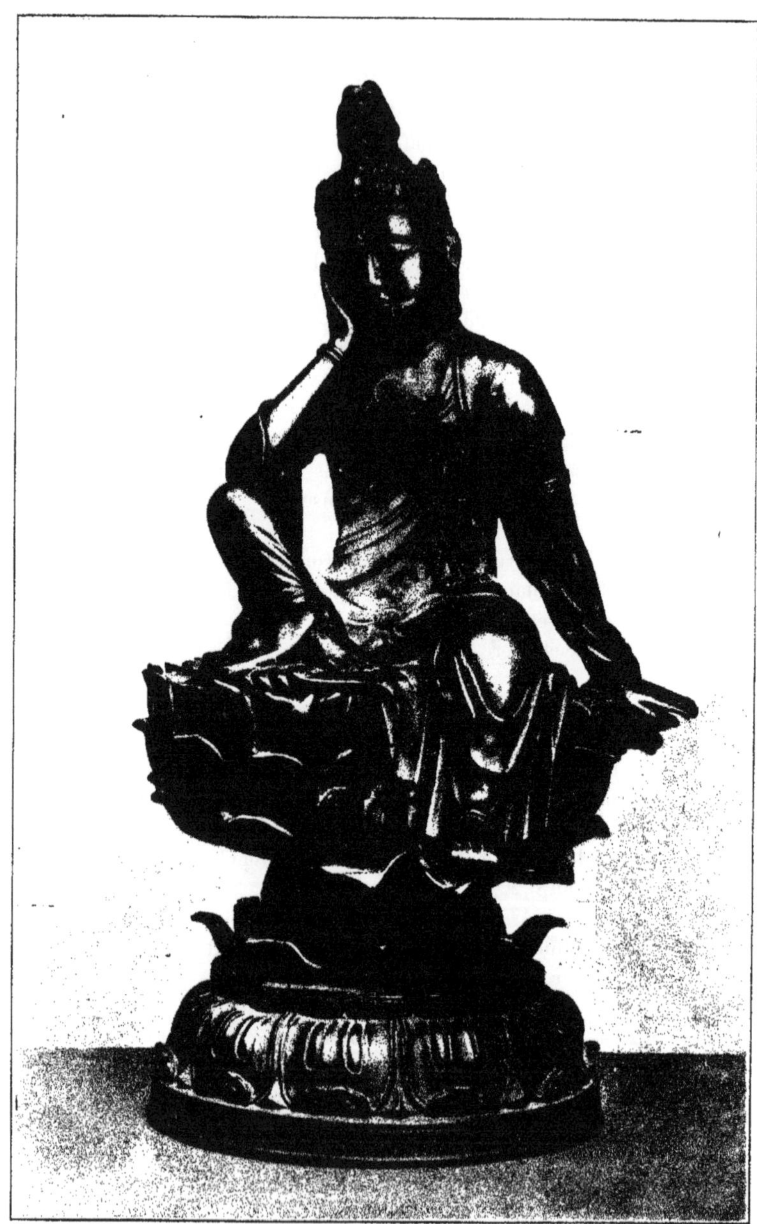

N° 394

ventaux intérieurs des deux portes, les figures des quatre Tennô. Haut. 0.22.

443. — Pagode en cuivre doré, à deux étages, sur terrasse rectangulaire. Elle est entourée d'une balustrade coupée de quatre escaliers, correspondant aux quatre portes. Haut. 0.49.

444. — Deux flambeaux, l'un en bronze doré avec base sphérique portant sur trois pieds à mascarons; l'autre, également tripode, et formé d'un fût cylindrique en émail cloisonné avec monture en cuivre doré garnie de cabochons. Haut. 0.30 et 0.20.

445. — Petit pot en cuivre doré de forme trapue, avec couvercle plat cloisonné et chaînette de suspension à maillons également émaillés. Décor, en gravure, de palmettes et d'une frise de dragons avec incrustation de cabochons verts. Haut. 0.07.

446. — Deux pièces : Petit édicule en cuivre doré, ajouré sur fond et ciselé, à motif de rinceaux et d'une chimère. Socle rectangulaire formant boîte : — Petit brûle-parfums hexagonal de forme trapue, sur socle ajouré avec anses, chimères, et phénix sur le couvercle : même style que la pièce précédente.

447.— Deux aiguières en bronze doré : décor de rinceaux en gravure et, sur la panse, de deux médaillons en relief à sujets de plantes et d'animaux chimériques. Haut. 0.30 et 0.23.

448. — Deux pièces : Brûle-parfums en bronze doré, représentant un tambourin, au sommet duquel se tient un coq. Haut. 0,27 : — Chauffe-mains sphérique, en cuivre doré et ajouré à motif de rinceaux.

449. — Deux bouilloires à corps cylindrique, bec court, et anse mobile, dont l'une avec couvercle, gravée de frises ornementales, l'autre décorée de troncs de pins, et d'un *mon* deux fois répété. Haut. 0,08 et 0,09.

450. — Crabe articulé, en cuivre à patine brune, les yeux en chakoudo et or.

451. — Trois petits brûle-parfums, l'un circulaire, avec couvercle ajouré et panse à patine noire, offrant, en réserve du cuivre doré, un décor de paysages au trait, l'autre circulaire, avec chimère sur le couvercle et décor de chimères sur la panse; le troisième rectangulaire, également surmonté d'une chimère avec décor de nuages et de dragons. Haut. 0,09, 0,12 et 0,10.

452. — Trois pièces . Reliquaire circulaire en verre et cuivre doré, entouré d'une auréole de flammes, avec socle au lotus et à triple gradin hexagonal. Haut. 0,18 ; — Petite coupe hémisphérique élevée sur trois pieds contournés, avec deux anses et médaillons de fleurs. Haut. 0,08; Petite coupe basse quadrilobée.

453. — Trois boîtes plates : 1° en bronze doré, circulaire, avec médaillon central de rinceaux en relief et bordure à motifs émaillés; 2° en cuivre doré, de forme lobée, ciselée sur les deux faces de dragons et de chèvres dans un paysage; accompagnée d'un netzuké en bois représentant un singe; 3° en cuivre à patine noire, de forme ovale, avec décor, en réserve de la patine, représentant un cerf au pied d'un arbre.

454. — Quatre petites pièces en cuivre doré : Deux brûle-parfums à corps sphérique, l'un à couvercle filigrané. — Un compte-gouttes à décor de rinceaux émaillés. — Une cigogne sur socle argenté en forme de rocher.

455. — Une collection de douze petits masques de Nô.

Objets en fer

456. — Brûle-parfums carré à couvercle bombé, ajouré sur les quatre faces, et surmonté d'un bouton en forme de perle bouddhique. Sur la surface très fruste du métal, sont jetés des motifs divers en émaux translucides et filigrane d'or d'une très précieuse exécution : canards-mandarins, cartouches à motifs de paysages et de fleurs, rosaces, etc. Signé. Haut. 0.12.

457. — Boîte hémisphérique à couvercle bombé et incrusté d'un semis de motifs floraux et de papillons en émaux translucides et filigrane d'or. Haut. 0.08.

458. — Boîte cylindrique de forme basse à couvercle plat, décorée de quatre cartouches émaillés à motifs de fleurs; sur le pourtour sont incrustées en reliefs de cuivre deux appliques à tête de chimères et, en argent, un décor à plat de bambous, partiellement effacé.

459. — Boîte carrée de forme basse légèrement cintrée avec couvercle à recouvrement décoré d'une vue de temple sous les pins, en incrustations d'or et d'argent. Les autres surfaces sont niellées d'argent et d'or à motifs géométriques variés.

460. — Boîte rectangulaire à bords arrondis en fer plaqué d'or offrant sur toutes ses surfaces un décor en damier de rosaces et de fleurs stylisées.

461. — Petit gong formant boîte, suspendu dans sa monture ajourée à sujet de dragons et décoré également d'un motif de dragons avec oiseau de Hô surmontant le couvercle. Fer partiellement doré. Haut. 0,27.

462. — Deux bouilloires en fonte de fer décorées de rinceaux en relief avec couvercle cloisonné. Manque l'une des anses.

463. — Trois pièces : Pochette à tabac en fer repoussé à sujet de la marmite transformée en blaireau; — Petit écran offrant d'un côté un camélia dans un vase, en reliefs de métaux divers, et, sur l'autre face, un décor à plat de fruits dans une corbeille; — Cadenas incrusté d'argent figurant une crevette.

463 *bis*. — Très petite boîte, de forme plate et rectangulaire, décorée, sur le couvercle, d'un groupe de deux cerfs et d'une biche, en légers reliefs de laque d'argent et d'or, sur fond finement sablé. A l'intérieur, trois petites boîtes, en argent, avec couvercles à glissière.

Cloisonnés de la Chine

464. — Petit vase balustre, de forme carrée, en bronze frotté d'or, offrant sur chaque face, trois cartouches d'ornements en émaux blancs et rouges sur fond vert. Le col est garni de deux petits anneaux. Haut. 0.135.

465. — Petit brûle-parfums rectangulaire à anses relevées et reposant sur quatre pieds à mascarons chimériques d'une fonte nerveuse fine : sur chaque face, le décor représente la stylisation d'une tête monstrueuse en émaux très assourdis. Un couvercle, à motif d'oiseau de Hô en argent ciselé et de papillons en émaux translucides, a été rajouté postérieurement. Haut. 0.07.

466. — Bouilloire à deux becs, avec anse mobile, contournée d'un décor de rinceaux fleuris en émaux rouges, blancs, jaunes et bleu lapis, sur fond turquoise. Couvercle en cuivre repoussé.

467. — Vase en forme de gourde plate, à corps circulaire, offrant sur l'une des faces un animal chimérique dans un paysage, et, sur l'autre, un décor de branches fleuries et d'oiseaux, en émaux de couleurs, très lumineux, sur fond turquoise. Anses en cuivre doré.

468. — Boîte en forme de sphère aplatie, décorée sur le couvercle d'un médaillon à motif de pivoines en émaux de couleurs variées sur fond blanc : les côtés sont cloisonnés d'émaux turquoise, avec semis de médaillons et bordures rouges. Diam. 0.21.

469. — Jardinière octogone, à quatre faces principales et de profil évasé, posant sur quatre pieds, et contournée, sur le bord, d'une bâte en bronze doré à motif de grecques. Elle présente, extérieurement, un entrelacement de rinceaux fleuris, de chauves-souris stylisées et de caractères d'écriture en émaux verts, bleu lapis et rouges sur fond turquoise. Long. 0,25.

470. — Cornet de forme carrée, à renflement médian, accoté, sur toute sa hauteur, de bordures crénelées, aux angles et au centre de chacune des faces. Décor géométrique en émaux bleus, rouges, jaunes et rosés sur fond turquoise. Haut. 0,285.

471. — Paire de coupes creuses, de forme lobée, à large rebord plat, offrant, sur fond turquoise, une ornementation en émaux verts, rouges et bleu lapis. Couvercles en bois sculpté à jour. Diam. 0,135.

Cloisonnés du Japon

472. — Coupe à bords évasés, offrant, extérieurement, un décor de dragons dans les nuages : à l'intérieur, une frise de rinceaux, contournant un cartouche circulaire, le tout en émaux, très puissants de couleur, bleus, verts, rouges et jaunes, sur fond blanc. Diam. 0,19.

473. — Pot à couvercle bombé, de forme cylindrique et reposant sur trois pieds. Décor d'attributs et de rinceaux en couleurs sur fond vert, avec motif d'imbrications dans le bas. Diam. 0,20.

474. — Vase balustre, de forme carrée, offrant, en émaux rouges et gris bleus, un décor de plantes stylisées, avec frise de grecques près l'embouchure, et deux mascarons en relief sur le col. Haut. 0,28.

475. — Plateau, à bords relevés et évasés, de forme octogone, avec poignée mobile : le décor, à dominante verte bleue et blanche, comporte une stylisation de nœuds d'étoffe et de nuages. Diam. 0,22.

476. — Coupe à pied, de forme évasée, décorée extérieurement de frises ornementales en émaux bleu lapis, turquoises, rouges, jaunes et blancs, et présentant à l'intérieur une large zone verte ornée de trois fleurettes, autour d'un médaillon à motif géométrique.

477. — Coupe évasée, à émaux bleu lapis, jaunes et verts sur fond turquoise, rehaussés de rouge et de blanc, offrant une frise extérieure à sujet de chimères, et, à l'intérieur, autour d'un médaillon de carpe dans les flots, une frise de quatre chevaux.

478. — Seau à anse mobile, décoré, sur la paroi extérieure d'une frise à sujet de paons et d'oiseau de Hô en émaux de couleur sombre. Haut. 0,21.

479. — Pot couvert de forme ovoïde, décoré, en émaux blancs, bleus et rouges sur fond vert, de deux paons et de plantes stylisées, avec frises de rinceaux près du bord. Haut. 0,19.

480. — Bouilloire de forme conique, à anse mobile, offrant un semis de fleurettes et d'oiseaux de Hô sur fond vert. Haut. 0,26.

481. — Bouilloire circulaire de forme basse et turbinée, avec anse mobile, à décor de rosaces blanches, bleues et rouges sur fond vert. Bec carré dont l'orifice est recouvert par un couvercle à charnière. Haut. 0,21.

482. — Brasero de forme basse et circulaire, avec couvercle bombé, ajouré de trois orifices représentant un enlacement d'anneaux. Émaux de couleur sombre, partiellement rongés, à motifs de fleurettes et d'ornements géométriques. Diam. 0,21.

483. — Bassin circulaire, à large bord plat, portant, au centre, un sujet de dragon, en émaux rouges et ocre, sur fond bleu, et, sur le pourtour intérieur, une frise de dragons sur fond blanc. Diam. 0,32.

484. — Petite jardinière cylindrique à anses recourbées et bord plat, ornée de deux dragons dans les nuages, en émaux clairs sur fond vert. Haut. 0,095.

485. — Aiguière de forme persane, décorée d'un semis de rosaces rouges et blanches sur fond vert, et de deux médaillons à sujet de chimères, en émaux blancs sur fond violet. Haut. 0,24.

486. — Paire d'aiguières en forme de courge, à grande anse et long bec recourbé, offrant chacune un sujet de quatre chimères

blanches et violettes dans des rinceaux de pivoines sur fond vert. Haut. 0.21.

487. — Petite aiguière de forme haute, à long bec et anse recourbée, décorée de tiges fleuries en émaux rouges translucides sur fond vert, partiellement éclatés. Haut. 0.17.

488. — Cornet à bord très évasé reposant sur une base à trois pieds; décor de dragons dans les nuages en émaux de couleurs sur fond blanc. La base est entièrement restaurée. Haut. 0.20.

489. — Grand chandelier formé d'une colonne en cuivre non émaillé reposant sur une large base à gradins circulaires, ornée de frises de rinceaux en émaux de couleurs. Haut. 0.43.

490. — Deux grandes coupes à bords évasés : le décor, sur fond vert, représente, au centre, un oiseau de Hô dans un médaillon en forme d'étoile à six branches, dont chacune comporte une ornementation géométrique à fond rouge sertissant des émaux de couleurs variées. A l'extérieur, sur fond strié de bandes vertes, une frise de losanges et deux cartouches avec sujets de pivoines. Diam. 0.21.

491. — Coupe à pied, de forme octogone; décor extérieur et intérieur offrant des rinceaux de pivoines stylisées en couleurs claires sur fond bleu, avec encadrements rouges et blancs. Diam. 0.21.

492. — Brûle-parfums représentant un coq en cuivre doré, entièrement champlevé d'émaux en plusieurs tons de bleu, de vert et de jaune et d'émaux blancs, rouges et violets, d'un très puissant effet décoratif.

493. — Boîte haute, et rectangulaire, à trois compartiments superposés, décorée sur le couvercle d'un motif de deux oiseaux près d'un cerisier, en émaux de couleur, partiellement translucides sur fond vert et

turquoise. Sur les côtés, décor de trois cartouches à rinceaux, en couleurs sombres, sur fond blanc.

494. — Plateau forme corbeille, décoré d'un médaillon à fond blanc, avec animal chimérique dans des rinceaux et encadrement vert. Diam. 0,20.

495. — Petite jardinière basse, de forme sphérique, reposant sur trois pieds avec décor de rinceaux en blanc, sur fond vert pâle. Haut. 0,105.

496. — Brûle-parfums tripode, avec deux anses relevées, offrant sur le couvercle une chimère en bronze; décor de rinceaux dans une harmonie bleue, rouge et blanche. Haut. 0,16.

497. — Petit vase à couvercle avec panse sphérique et large col flanqué de deux anneaux; décor en émaux blancs et rouges sur fond vert. Haut. 0,18.

498. — Pot à cendres cylindrique à trois pieds, contourné d'une large zone à fleurettes rouges, sur fond vert clair, coupé de deux cartouches à motifs de fleurs, sur fond blanc. Haut. 0,13.

499. — Plateau quadrilobé à anse fixe et bords relevés, décoré, sur fond blanc, de rinceaux et d'oiseaux stylisés en émaux verts, jaunes, bleu lapis. Haut. 0,15.

500. — Paire de petits flambeaux à base hémisphérique avec décor de rinceaux fleuris en émaux rouges et blancs sur fond vert. Haut. 0.23.

501. — Petit écran à monture de bronze offrant deux plaques à motif floral, en émaux bleus et rouges sur fond blanc. Haut. 0.175.

502. — Petit coffret de forme rectangulaire présentant sur toutes les faces, dans une harmonie sombre de verts, rouges et bleus, avec parties blanches, un décor de rinceaux, d'oiseaux et de chimères. Long. 0,115.

503. — Seau à couvercle plat, de forme octogone, avec deux petites anses à anneaux mobiles, offrant, en émaux blancs et rouges sur fond vert, un décor de rinceaux et de chrysanthèmes stylisés. Haut. 0,20.

504. — Deux plateaux de forme elliptique a bord festonné, avec décor de personnages et de rinceaux en émaux de couleur sombre. Long. 0,25.

505. — Chauffe-mains sphérique avec dispositif intérieur de trois anneaux concentriques combinés de façon à maintenir horizontalement le récipient. Décor de fleurettes sur fond vert en émaux translucides.

506. — Théière hexagonale, à anse mobile, ornée, sur quatre faces d'un oiseau de Hô, en émaux translucides sur fond vert. Haut. 0,14.

507. — Deux pièces : Plateau carré à bords légèrement cintrés et petite coupe, tous deux à sujet de poisson dans les flots. Long. 0,18.

508. — Brûle-parfums en laque noir, avec intérieur de cuivre à rebord émaillé et couvercle bombé portant un décor de rinceaux fleuris sur fond vert. Haut. 0,19.

509. — Cornet en cuivre jaune offrant, en gravure, un décor de palmettes à la base du col et, sur le renflement médian et le pied, une ornementation rectiligne, coupée par deux frises d'émaux verts en champlevé. Haut. 0,16.

510. — Deux pièces : Petit vase à col sphérique avec col renflé près de l'embouchure, décoré d'émaux rouges et jaunes sur fond vert. — Petit pot ovoïde offrant deux cartouches de fleurs et d'oiseaux en émaux variés. Haut. 0,115 et 0,16.

511. — Deux petits vases, l'un forme potiche, l'autre à panse sphérique et long col.

512. — L'un à col évasé, avec décor de cigognes et de pendentifs en émaux translucides, l'autre à col long et mince et décor de fleurettes.

513. — Deux pièces : Petite coupe tripode à anses relevées offrant extérieurement une frise rubannée et des ornements géométriques en émaux bleus, rouges et blancs sur fond vert. — Petite coupe à quatre pieds, en forme de coupe à libation, avec deux cartouches de fleurs.

514. — Trois petites bouteilles à eau, à corps circulaire et plat avec long bec et anse recourbée : décor géométrique en émaux translucides.

515. — Deux suspensions à lanterne en forme de calotte hexagonale traversée par une tige à crochet : semis de nuages stylisés sur fond vert.

516. — Trois pièces : Théière hémisphérique à anse ajourée, petit pot couvert et coupe à décor de chrysanthèmes.

517. — Deux pièces : Jardinière de suspension de forme elliptique. — Vase à fleurs, avec calice conique et pied circulaire en cuivre repoussé et émaillé, rehaussé de cabochons. Haut. 0,15.

518. — Quatre coupes à suspension, avec anses émaillées en forme de dragons affrontés, ou portant un décor d'oiseaux de Hô et de rinceaux. Haut. 0,16 environ.

519. — Deux petites jardinières, l'une basse et rectangulaire à décor de dragons, l'autre de forme haute et carrée, posant sur quatre pieds, avec sujet de personnages et de fleurettes.

520. — Deux pièces : Grande coupe, en émaux de couleurs variées, décorée d'un groupe de femmes passant sur un pont, avec bordure de papillons stylisés. — Petite coupe avec sujet d'un guerrier légendaire près d'un massif de pivoines. Diam. 0,30 et 0,19.

521. — Paire de vases, de forme ovoïde, entièrement recouvert d'un émail rouge translucide, avec décor d'oiseaux de Hô au plumage finement cloisonné. Haut 0,32.

522. — Plaque rectangulaire, représentant, en émaux d'une harmonie sourde, une servante d'auberge arrêtant un passant. Long. 0,13.

523. — Trois petites pièces, l'une en forme de brûle-parfums tripode, l'autre en forme de potiche, celle-ci accompagnée d'une chaînette que termine un netsuké également en cloisonné, servant de flacon à senteur. Compte-gouttes circulaire avec décor de feuilles d'eau.

524. — Deux grandes appliques de meuble, en cuivre gravé de rinceaux, avec bouton émaillé orné du *mon* à la feuille de mauve. Long. 0,39.

525. — Six petites appliques de meuble, à sujets variés, feuilles de sagittaire, glycine, panier fleuri, etc.

526. — Deux pièces : Une petite bonbonnière, carrée à couvercle arrondi, et une petite boîte à compartiments et couvercle bombé.

527. — Deux bouteilles à eau à décor champelevé et une petite tasse à socle plat.

528. — Trois pièces : Une écritoire portative formée du tube à pinceau et son godet, une gaine de couteau et un manche, les deux premières pièces cloisonnées sur fond bleu, la troisième champlevée de rosaces turquoise.

529. — Trois pièces : Une écritoire portative émaillée sur cuivre, une chaîne de suspension garnie de onze maillons cloisonnés et terminée par trois plaques et un crochet également cloisonnés ; un encrier portatif de forme rentangulaire avec pinceau maintenu par des anneaux, et netsuké représentant un masque d'Okamé.

Objets en argent

530. — Grand brasero tripode à large panse surbaissée, surmontée de sa bouilloire hémisphérique, garnis l'un et l'autre de deux anneaux mobiles maintenus par des anses en forme de lapin. Toutes les surfaces de la pièce sont gravées d'un décor de rinceaux et du *mon* au kaki. Haut 0,30.

531. — Petit brasero de forme analogue à la pièce précédente, avec décor, au trait, de frises ornementales et de rinceaux de pivoines. Haut. 0,20.

532. — Théière a corps sphérique, couvercle plat et anse mobile, gravé d'un décor de rinceaux, avec application en relief de six *mon* à feuilles de mauve. Haut. 0,19.

533. — Petite cruche à une anse, gravée d'un semis de motifs héraldiques. Haut. 0,17.

534. — Brûle-parfums tripode à corps sphérique, anses relevées et couvercle bombé, que surmonte un faucon aux ailes éployées. Toutes les surfaces de la pièce offrent, en travail de repoussé et de ciselure, un décor de dragons dans les flots. Haut. 0,29.

535. — Plateau circulaire à fond et à bordure d'argent, offrant en émaux translucides sur or, le sujet d'un poisson nageant au milieu des

algues. Dans les profondeurs d'une double couche d'émaux mats, le décor apparaît comme voilé par une eau limpide traversée d'un rayon de soleil. Technique d'une invention et d'une habileté tout à fait surprenantes et dont le secret s'est perdu avec la disparition de l'artiste, dernier peut-être, parmi les grands maîtres de l'orfèvrerie japonaise, dont le cachet en or gravé : *Asada*, est apposé au revers.

536. — Vase à long col et corps sphérique reposant sur quatre pieds et garni de deux petites anses. Sur une armature ajourée formée de rinceaux en fils d'argent est appliqué un somptueux décor de fleurs, de feuillages et d'insectes variés en reliefs d'or ciselé et champlevé d'émaux translucides. La base, les anses et les bagues du col sont également incrustées d'émaux à plat, en un travail d'une prodigieuse finesse. Par le même artiste : *Asada*, que le n° précédent. Haut. 0.26.

537. — Paire de vases de forme haute et rectangulaire, à profil balustre, offrant chacun sur les deux faces principales un sujet de fleurs et d'oiseaux ciselés et gravés, avec incrustations à plat et en relief, de chakoudo, d'or et de bronze rouge. Haut. 0.32.

538. — Deux pièces : Lame de hallebarde, en forme de flamme dentelée, dont le départ est formé par une tête de dragon ; — Pointe de pique à trois branches, montée sur tube de cuivre.

539. — Paon très finement ciselé de toutes ses plumes avec émaux verts et jaunes, figurant les yeux de la queue. Le cou est mobile ainsi que les ailes ; les plumes de la queue sont toutes montées sur charnières de façon à pouvoir se relever et se développer en éventail. Long. 0.27.

540. — Petit brûle-parfums figurant un oiseau chimérique, la tête tournée en arrière. Haut. 0.11

541. — Petit cabinet rectangulaire à porte latérale contenant trois tiroirs superposés, et gravée sur toutes ses faces d'un décor d'arbres et de plantes fleuries.

542. — Cachet surmonté d'un oiseau de Hô, d'une fonte très ouvragée.

543. — Statuette de Kwannon assise dans une attitude de méditation avec diadème et pectoral en or.

544. — Chauffe-mains en forme de boule entièrement ajourée de cellules hexagonales, et contenant un récipient maintenu dans ses deux anneaux concentriques.

545. — Boite circulaire et plate composée d'un socle dans l'épaisseur duquel sont enchâssées trois petites boîtes en forme de feuille de mauve, le tout recouvert d'un couvercle entièrement ajouré et gravé de rinceaux.

546. — Petite statuette de Kwannon debout en argent et or d'une très fine ciselure.

547. — Deux petites théières, l'une affectant la forme d'une coupe à libations, avec anse en forme de dragon, intérieur et couvercle tout en argent, l'extérieur incrusté d'argent sur cuivre doré. L'autre a la forme d'une feuille dentelée avec anse représentant des champignons.

548. — Statuette en argent doré représentant un lama. Travail thibétain.

549. — Très petite boite plate et carrée, surmontée d'un quadrupède, avec décor d'émaux translucides cloisonnés de fils d'or.

550. — Deux pièces : Très petite boite de forme cylindrique, à pourtour et couvercle émaillés. — Netzuké de forme allongée, à décor d'émaux et rinceaux filigranés.

551. — Deux pièces : Petit vase pour bâtonnet d'encens à côtés ajourés, avec décors de fleurs de cerisier. — Petit vase en forme de brûle-parfums surmonté d'un oiseau de proie.

552. — Deux pièces : Sennin sur une chimère et divinité sur un blaireau.

553. — Deux pièces : Amida assis. — Yebissou tenant un poisson.

554. — Deux petites boîtes représentant deux jouets d'enfants.

555. — Trois petites pièces : Un gong gravé de chimères : — Une tortue marine : — Une petite boîte, en forme d'attribut de danse, avec semis de motifs en filigranes d'or et émail.

556. — Trois pièces : Un miroir, avec décor, au revers, de cigognes dans les pins. — Deux encriers avec tubes à pinceaux, l'un d'eux accompagné d'un netzuké contenant une petite boussole.

557. — Quatre petites pièces : Sennin à la chimère, en argent, or et bronze. — Kwannon en pêcheuse. — Yébissou et Daïkokou.

558. — Trois pièces : Cheval accroupi. — Petit chien jouant avec une boule sur socle ivoire. — Oiseau avec bec et pattes dorés.

559. — Trois pièces : Deux toutes petites statuettes en argent, bronze et shakoudo incrusté d'or, et représentant les deux Nio. — Petite boîte en argent doré, à décor filigrané.

560. — Trois boîtes plates, l'une représentant un store plié en deux, avec application d'émaux translucides ; l'autre à sujet d'un chariot princier auprès d'un cerisier fleuri, et contenant trois petites boîtes à décor gravé : la troisième, ornée, sur le couvercle, d'un casque, d'un éventail et d'un sabre.

561. — Cinq pièces : Presse-papier en forme de vague avec tambourin ; tube à couvercle de forme hexagone gravé d'un décor fleuri ; carquois avec un arc et ses flèches ; petite bouteille à eau en trois pièces, comprenant un minuscule godet à couvercle émail ; boîte à quatre pieds, à décor de singe habillé en danseur, avec trois divisions intérieures recouvertes d'une plaque gravée.

562. — Sept pièces : quatre fermoirs de pochettes, une boîte à décor de dragons, un petit flacon à senteur, et une jonque en filigrane d'argent, de travail chinois.

NETZUKÉ

563. — Netzuké en bois laqué figurant un masque de chimère à mâchoire mobile, avec incrustation, en argent, des yeux, d'une perle bouddhique sur le front et de caractères chinois sous la mâchoire.

564. — Groupe de deux singes se disputant une tige de fruits.

565. —— Sujet de deux diablotins chassés à coups de pois.

566. —— représentant un sanglier.

567. —— Groupe de trois chimères jouant.

568. —— en bois laqué d'or, représentant un jeune chien jouant avec une toupie.

569. —— partiellement laqué d'or, figurant un diablotin sur un nuage.

570. — Deux netzuké en bois, représentant l'un un personnage assis, avec masque de Hannia en ivoire, l'autre, partiellement laqué d'or, figurant un enfant jouant du tambourin, le visage caché par un masque de chimère à mâchoire mobile.

571. — Trois netzuké en bois peint et laqué : groupe de diablotins

déroulant un kakémono d'où se dégage une figure de Chôki ; personnage tenant un masque à la main ; homme à longs cheveux s'apprêtant à tirer son sabre.

572. — Cinq netzuké en bois, à sujets de blaireau, d'une paysanne avec son enfant, d'un chasseur caché sous un sac, d'un enfant au tambourin et d'un paysage boisé.

573. — Quatre netzuké en bois, dont deux noix gravées l'une d'un paysage et de dragons, l'autre d'une cigogne et de fleurs, et les deux autres à sujets de chaumières sous les arbres.

574. — — : Diablotin rouge sur une nasse ; chimère en bois noir incrusté d'ivoire et de corail ; bouton avec plaque en verroterie ; bouton en bois noir laqué d'or.

575. — Trois netzuké en laque rouge : Sennin sur la carpe ; gourde en laque de Pékin à sujet d'enfants ; flacon avec col laqué noir et or, à décor de dragon dans les nuages.

576. — Netzuké en ivoire représentant un enfant couché sur un poisson.

577. ——— à sujet de la barque de Hotei.

578. ——— partiellement laqué d'or : Raïden sur son tambourin.

579. ——— figurant un serpent, les yeux en incrustation de verre.

580. — Trois netzuké en ivoire : joueurs d'échec ; enfant au tambourin ; personnage couché près d'une tortue monstrueuse.

581. — — — : Danseur ; groupe de trois hommes dont l'un passe entre les jambes des deux autres ; singe s'épouillant.

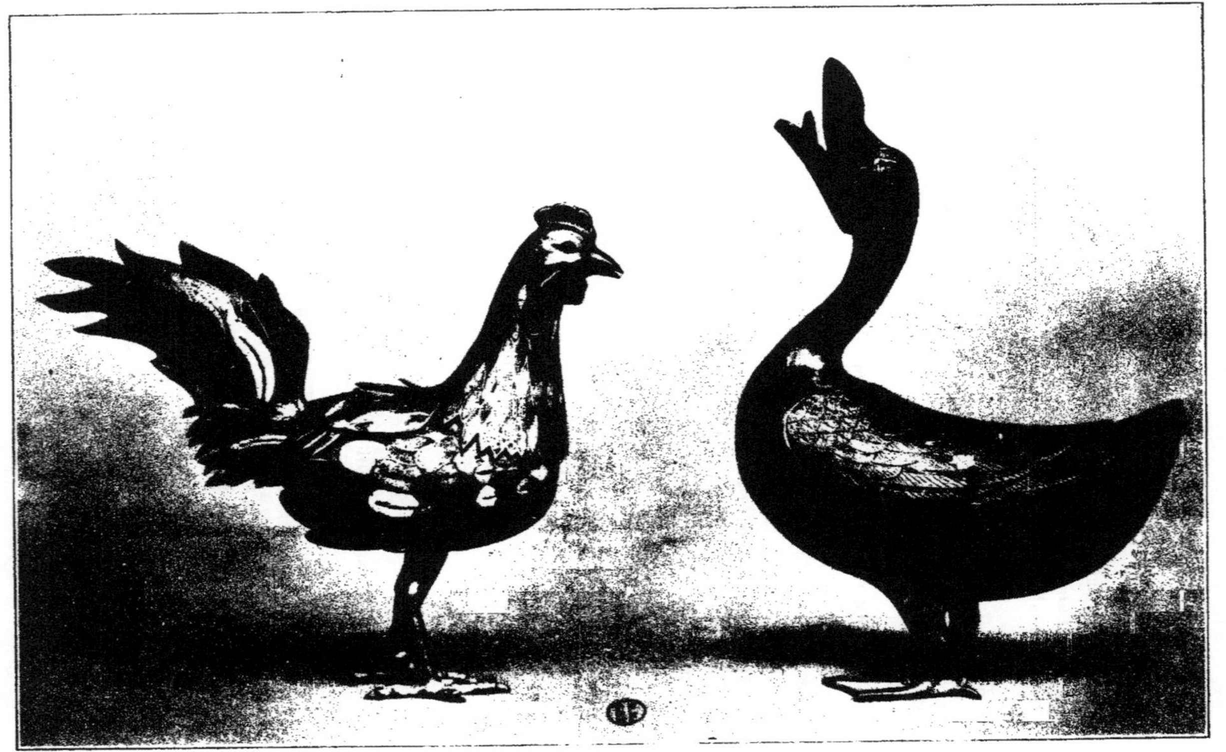

N° 392 N° 393

582. — Trois netzuké en ivoire: Barque des dieux du bonheur; lutte de deux « hommes des îles »; sage chinois couché sur son lit de repos.

583. ——— Groupe de rats près d'une terrine contenant une gerbe et des fruits; vieillard poussant une gourde colossale; groupe de perdrix.

584. ——— : Paysanne et bœuf; Hotei et les enfants; homme au grelot.

585. — Deux netzuké en ivoire, à sujet de chimère et de tigres.

586. ———Groupe de quatre petits chiens; enfant se hissant sur un bœuf accroupi.

587. — Quatre netzuké en ivoire : Deux hommes près d'un puits; enfants jouant au gô; paysanne agenouillée; trois dieux du bonheur autour d'un tabouret garni d'attributs.

588. ——— Coq et poussins; tigre; ascète bâillant; singe et cheval.

589. ——— Diablotin se garant des fèves; joueurs d'échecs dans une pêche; dame de la cour et suivante; pêcheur ouvrant un coquillage.

590. ——— Deux manzaï : enfant jouant avec un masque et un éventail; cavalier portant des rouleaux d'écriture et joueur de flûte; montreur de singe.

591. ——— Chimère; lapin et son petit; singe recroquevillé, se cachant les yeux, le nez et les oreilles; enfant portant des jouets au bout d'une branche.

592. — Quatre netzuké en ivoire : Deux boutons, l'un à sujet d'une tortue, en écaille, avec pattes et tête mobile, dans un encadrement de coquillages, l'autre sculpté à jour et incrusté d'un danseur, en argent ciselé ; vue d'un temple animé de personnages ; divinité féminine et enfant.

593. — — — Coquillage aux valves entr'ouvertes renfermant un minuscule paysage ; trois masques sur une boîte ; feuille de lotus, sous laquelle rampe une tortue d'or ; chien pelotonné.

594. — Netsuké bouton à monture d'ivoire sculpté, sertissant une plaque en or, que recouvre, en émaux translucides d'un vif éclat, un décor de fleurettes et de rinceaux sur fond vert.

595. — Trois netsuké bouton avec plaque d'argent : l'un à monture de bois et décor d'attributs en émaux translucides, l'autre à monture d'ivoire sculpté à jour et plaque filigranée ; le troisième, ovale, avec sujet d'un écureuil dans une vigne, en filigrane doré.

596. — Trois netsuké bouton, dont deux à monture de bois et plaque filigranée, l'autre entièrement en argent ciselé.

597. — Quatre netsuké bouton, dont trois cloisonnés d'émaux rouges, verts et blancs ; le quatrième de forme circulaire, à sujet d'éventails en émaux de trois couleurs.

Étoffes chinoises

598. — Tapis carré en soie damassée blanche avec application de médaillons et motifs floraux en couleurs variées et or. Long. 1.90.

599. — Tenture en longueur décorée en broderie, sur fond rouge, des dieux du bonheur et d'enfants. Long. 3.25.

600. — Tenture formée de quatre panneaux en hauteur et d'une bande en longueur avec application de fleurs et d'oiseaux sur fond rouge. Haut. 1.65 et 1.85.

601. — Panneau en longueur brodé d'un dragon et d'oiseaux de Hô en or sur fond bleu pâle. Long. 2.38.

602. — Panneau en hauteur tissé d'un dragon, de chimères et de nuages en une harmonie très délicate d'or, de blanc et de bleu, sur fond rose. Haut. 1.55.

603. — Manteau court à grand col en drap blanc brodé d'un décor de chimères en or, rouge et gris. Haut. 0.75.

604. — Bande étroite en longueur brodé sur fond vert d'un semis d'attributs de danse. Long. 3.80.

Étoffes japonaises

605. — Grand panneau carré offrant sur fond granité couleur chamois le décor d'un oiseau de Hô au milieu de rinceaux de paulownias, en une harmonie de bleus et de bruns clairs. Long. 2,35.

606. — Grand panneau en hauteur formé de deux bandes de soie à fond rouge tissées d'un semis de fleurettes, de dragons et d'oiseaux de Hô avec application dans le haut de trois *mon*, en blanc serti de noir. Haut. 2,60.

607. — Deux panneaux à fond bleu brodés en reliefs d'or et en blanc, l'un d'un dragon dans les eaux, surmontées du Fouji, l'autre d'un groupe de dragons ailés. Long. 1,86.

608. — Bande en longueur à décor de deux dragons tissé en or, bleu, vert et rose pâle, sur fond beige. Long. 3,60.

609. — Tenture en soie mate de couleur rouge avec semis en couleurs variées d'un décor d'alvéoles sertissant des fleurs de cerisier. Long. 2,60.

610. — Parement d'autel tissé en tons clairs de paulownias stylisés sur fond quadrillé. Long. 1,95.

611. ——— à sujet de cartouches floraux tissés sur fond beige, d'une harmonie délicate. Long. 2,17.

612. — Parement d'autel à fond mauve décoré alternativement de frises de chrysanthèmes et d'oiseaux de Hô. Long. 2,06.

613. — Deux pièces de soie à fond rouge, tissées d'un décor de pivoines. Long. 5,85.

614. — Parement d'autel en soie damassée, de couleur vieil or avec cordelette bleu pâle. Long. 2,00.

615. — Encadrement de porte formé de trois bandes à fond rouge, tissé de motifs de dragons avec application de *mon* en soie blanche brodée d'or. Haut. 2,25.

616. — Panneau en hauteur, offrant, sur fond granité de couleur beige, un décor en broderie à sujet de pèlerin dans un paysage, avec deux chiens au premier plan. Haut. 1,65.

617. — Tapis carré en soie beige tissé d'un décor très menu de chrysanthèmes et de cigognes. Long. 1,65.

618. — Parement d'autel décoré de motifs triangulaires à sujet de dragons et d'oiseaux de Hô, en or et bleu. Long. 2,00.

619. — Parement d'autel à motifs de cartouches lobés en couleurs variées. Long. 2,25.

620. — Panneau de soie bleue, offrant un décor très large de chrysanthèmes stylisées et d'anneaux enlacés. Haut. 1,72.

621. — Parement d'autel ; décor floral sur fond rouge. Long. 2,10.

622. — Bande en hauteur, offrant, en une très belle harmonie de rouges et de verts assourdis sur fond vert sombre, des médaillons de phénix dans les paulownias. Haut. 1,76.

623. — Deux petites bandes en hauteur: médaillons de fleurs, de dragons et d'oiseaux de Hô sur fond rouge. Haut. 1.19.

624. — Carré à fond rouge à décor de chrysanthèmes blancs encadrés par des rinceaux à fond vert. Long. 0,68.

625. — Tapis offrant en broderie un décor de vagues encadré par un semis très touffu de coquillages et de branches de pin. Long.1.37.

626. — Ornement sacerdotal formé d'une bande étroite à décor de cartouches floraux et de rinceaux sur fond or. Long. 1.58.

627. — Fragment d'obi: motif d'éléphants, de vagues et d'oiseaux stylisés avec encadrements de bandes à décor géométrique en or sur fond noir. Long. 3.45.

628. — Ornement sacerdotal; bande en hauteur à sujet de vases rituels en couleurs claires et or sur fond violet. Long. 1.82.

629. — Petit panneau brodé sur fond blanc de huit médaillons représentant chacun un lotus surmonté d'un caractère d'écriture. Haut. 0.88.

630. — Une bande très étroite décorée de chrysanthèmes, de pivoines et de papillons en couleurs sur fond à dessins géométriques. Long. 3.65.

631. — Deux bandes en largeur tissées d'un motif répété d'oiseau sur une branche de cerisier. Long. 1.55.

632. — Deux fragments. l'un carré à fond rose et décor de fleurettes; l'autre tissé d'or sur fond brun. Long. 0,66 et 0.71.

633. — Deux pièces : Bande ornée de deux frises à sujets de dra-

gons sur fond bleu : — Housse en drap rouge avec application de *mon* octogones, en blanc sertis de vert.

634. — Bande en longueur, à sujet de deux Aspara, sur fond rouge. Long. 2,02.

635. — Fouk'sa à fond granité, offrant un sujet de chimères sur un rocher fleuri de pivoines. Haut. 0.78.

636. — Deux fouk'sa à fond bleu : Motifs d'un tambourin et de souris pour l'un, d'attributs de danse pour l'autre. Haut. 0,86 et 0,82.

637. — Deux fouk'sa sur fond bleu à sujets religieux. Haut. 0,69 et 0,74.

638. — Un fouk'sa représentant sur fond granité, la barque des dieux du bonheur. Monté sur châssis et encadré. Haut. 0.75.

639. — Deux fouk'sa à fond noir : Tigre et serpent dans une forêt de bambous ; — Poule et jeune canard. Haut. 0.87 et 0.82.

640. — Fouk'sa tissé de deux carpes dans les eaux. Haut. 0.75.

641. — Petit paravent à quatre feuilles dont les panneaux offrent, sur la face principale, un décor d'oiseaux en broderie de couleur sur fond blanc. Sujets de paysage, en peinture, sur les autres faces. Haut. 0.50.

642. — Coffret décoré, sur le couvercle et les quatre côtés, de panneaux de broderie représentant une cascade et des oiseaux dans les fleurs. Long. 0.22 ; haut. 0.14.

643. — Grand tapis carré à fond blanc brodé d'un décor de rosaces, de fleurs et de rinceaux, en rouge, vert et or. Travail indien. 2.65.

Ivoires

644. — Dragon entièrement articulé; manquent une corne et plusieurs griffes. Long. 0,78.

645. — Okimono, représentant une troupe de pêcheurs occupés à capturer deux pieuvres gigantesques. Haut. 0,15.

646. — Chien jouant avec un coquillage.

647. — Petite boîte imitant un cabinet en ivoire laqué d'or, contenant trois tiroirs superposés; pièce endommagée.

Matières dures et matières diverses

648. — Coupe à bord évasé, en néphrite. Diam. 0,19.

649. — Petit porte-bouquet en cristal de roche, représentant un tronc de bambou. Haut. 0,09.

650. — Encrier de cristal de roche, figurant deux coings avec leur tige feuillue.

651. — Presse-papier en forme de pêche : cristal de roche.

652. — Service de douze petites tasses de forme campanulée, taillées en pierres dures de nature variée, cristal de roche, jade, etc.

653. — Chimère sur un tambourin : albâtre. Haut. 0,19.

654. — Statuette de Kwannon : albâtre.

655. — Jeune femme sur une banquette à dossier, allaitant son enfant : pierre de lard.

656. — Cachet figurant un groupe de chimères : pierre de lard teintée de rouge.

657. — Bloc de pierre dure, brut, taillé de façon à rappeler la

silhouette d'une montagne. La section inférieure, seule polie, offre des veines et des givrures analogues à celles de l'agathe.

658. — Théière dont le corps est formé par un œuf décoré du sujet des sept sages chinois, en reliefs de laques et d'argent émaillé. Anse et col en cuivre doré; le pied et la bague du couvercle sont émaillés sur argent. Haut. 0,15.

659. — Cigale articulée, dont le corps et les pattes sont en écaille, les ailes en bois, et les yeux incrustés en nacre, le tout d'une exécution très large, et d'une surprenante fidélité, dans le rendu des modelés et de la couleur même de l'insecte.

659 *bis*. — Petit modèle de pistolet en fer incrusté d'or avec monture en bois à garnitures d'argent.

660. — Petit cabinet, de forme rectangulaire, recouvert de plaques d'écaille sous lesquelles transparaît une peinture de personnages, sur fond or. A l'intérieur, cinq tiroirs à encadrement d'ivoire laqué d'or et cartouche d'écaille à motif de dragons. Haut. 0,15.

661. — Tiare en cuivre ajouré et doré, comportant une couronne à motif de rinceaux et rehaussée de cabochons variés.

662. — Tiare circulaire en cuivre doré, à couronne festonnée et calotte hémisphérique surmontée d'un bouton finement ajouré. Décor, en gravure, de dragons et de *mon*, avec application d'un motif de chimère, de dragons en fer et en bronze et d'un bouton cloisonné. Incrustation de cabochons de corail, malachite et améthyste. La coiffe, en soie, est enluminée à sujet de dragons.

663. — Boîte plate et carrée, en cuivre doré, assortie à la pièce précédente et présentant un décor analogue de dragons, ciselés en relief, de *mon* à la feuille de mauve et de cabochons. Bouton émaillé vert au centre. 0.20.

664. — Motif de suspension composé de trois plaques rectangulaires, en hauteur, avec trois petites plaques intermédiaires, de forme allongée, le tout surmonté d'un fronton ajouré. Cuivre doré et gravé à sujet d'Apsara. Long. 1.26.

Armes et accessoires d'armes

665. — Casque garni de ses ailettes et de son couvre-nuque.

666. — Grand sabre, de forme recourbée; le fourreau offre, en laque d'or, le décor d'une rivière bordée de roseaux. Poignée, garde et anneaux en argent ciselé, portant le *mon* à la feuille de bambou: double bellière en cuir et argent, avec tresse en soie multicolore.

667. — Sabre, à fourreau de laque noir incrusté de nacre; garnitures en plomb, décorées d'incrustations de cuivre figurant des arbustes fleuris. Sur la poignée, deux plaquettes de cuivre, ciselées chacune d'un personnage européen.

668. — Deux gardes de sabre, l'une en cuivre doré et ajouré, champlevée d'émaux opaques à sujet d'un paon dans les pivoines: l'autre en fer portant un décor de papillons en émaux translucides.

669. — Anneau et bout de sabre en chakoudo, incrustés de libellules et de papillons en émaux translucides d'une belle exécution.

670. — Grand carquois à décor de rinceaux et de *mon* en or sur fond noir, garni de ses deux arcs et de dix-huit flèches.

Meubles

671. — Meuble d'antichambre comportant un coffre à trois rangs de tiroirs, posant sur des pieds à sujet de lions et relié, par un fond vertical, à un dais cintré que supportent, sur le devant, deux colonnes à cariatides fantastiques. Il offre sur toutes ses surfaces, en marqueterie de bois variés et en incrustations d'ivoire, un décor de rosaces à motif d'étoile. Écusson au fronton. Travail des Iles. Haut. 2,60 ; prof. 0,88 ; long. 1,41.

672. — Cabinet rectangulaire accoté à la base de quatre cariatides posant sur des lions accroupis. Il comporte de haut en bas douze petits tiroirs disposés en trois rangées, puis une rangée de deux tiroirs et un seul grand tiroir à la base. Décor en marqueterie de rinceaux, avec incrustations d'ivoire ; garnitures en cuivre découpé. Même origine que la pièce précédente. Haut. 1,20 ; prof. 0,45 ; long. 0,86.

673. — Socle monumental de forme rectangulaire, en bois doré ; le plateau supérieur, laqué de rouge, repose sur une frise figurant des touffes de chrysanthèmes, divisées en trois groupes par des montants verticaux, et s'épanouissant sur les côtés en forme de console ; le tout supporté par quatre pieds cintrés, sur une base formée de quatre traverses également à décor de chrysanthèmes. Garniture en cuivre gravé. Travail japonais. Long. 1,30 ; larg. 0,51 ; haut. 0,88.

674. — Petit cabinet rectangulaire, en bois naturel, comportant

7.

cinq étages de tiroirs, une porte à deux battants et une double porte à coulisse, le tout incrusté de plaques en émail cloisonné à motifs de rinceaux et d'oiseaux, en couleurs claires sur fond vert. Haut. 0,50 ; prof. 0,26 ; long. 0,49.

675. — Écran présentant d'un côté un sujet de joueurs de gô dans un paysage, et sur l'autre face un décor d'oiseaux sur un arbre fleuri, le tout incrusté, sur fond noir, d'ivoire, de nacre, et de bois naturel, en reliefs sculptés, avec rehauts de laque d'or. Travail chinois. Haut. 0,93 ; larg. 0,48.

676. — Deux cabinets étagères, en forme d'estrade, avec dossier et côtés ajourés d'un décor d'animaux et de plantes ; base à deux rangs de tiroirs posant sur quatre pieds. Haut. 0,71.

677. — Socle en bois doré, à décor de chimères et de dragons. Il offre, en réduction, la même disposition décorative et les mêmes proportions que le numéro 673. Long. 0,57 ; haut. 0,30 ; larg. 0,18.

678. — Quatre socles et étagères, en bois naturel, de formes variées.

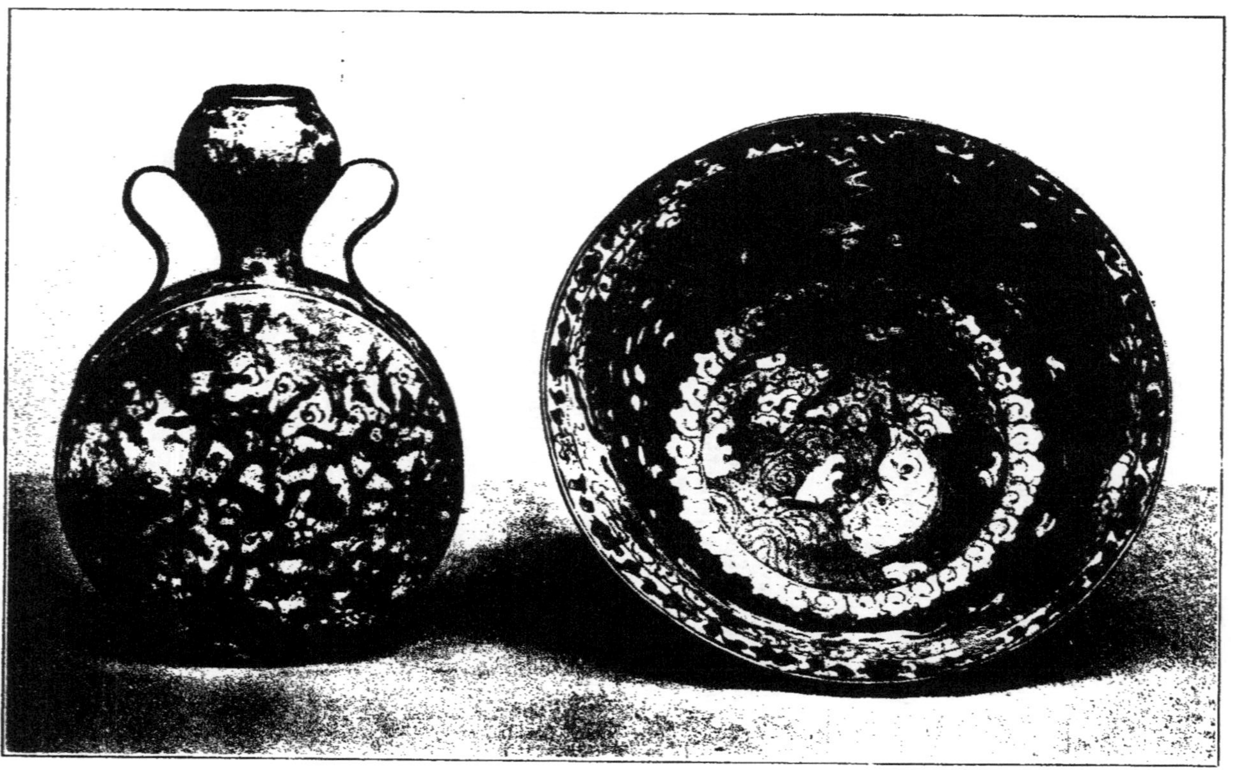

N° 467

N° [illegible]

PEINTURES

679. — Amida accompagné des Bodhisatwa Seisi et Kwannon. Peinture d'un beau style dans une tonalité amortie par le temps, à dominante rouge. Kakémono[1] soie. Haut. 0,99.

680. — *École de Takouma* (?). Paire de kakémono représentant le groupe des douze divinités dit *Jiuni-Tenno*. Peinture sur soie. Haut. 1,14.

681. — Amida descendant vers la terre, suivi du cortège des vingt-cinq Bodhisatwa. Peinture d'une exécution délicate dans une chaude harmonie d'or et de rouge sur fond noir. Kakémono soie. Haut. 1,18.

682. — Grand kakémono sur soie, à très nombreuses figures, représentant le Paradis de Soukhavati très finement peint en miniature sur fond or. Haut. 0,96.

683. — Grand kakémono sur soie, offrant le même sujet que le numéro précédent, encadré par une somptueuse monture en soie brochée à décor de dragons. Haut. 1,27.

684. — Grand kakémono en soie, représentant Amida accompagné de Seisi et de Kwannon, en or rehaussé de vert et de gouache rosée, sur fond noir. Haut. 1,38.

[1] Les mesures des kakémono et des panneaux s'entendent, encadrements d'étoffe non compris.

685. — Suite de cinq petits kakémono sur soie, peints en couleur et or sur fond noir et représentant : 1° Foudo accompagné de Kongara et de Seitaka; 2° L'ermite Yenno-Guiôdja et ses deux démons; 3° Le groupe des cinq Mio-ô; 4° Un prêtre assis sur un rocher et tenant le bâton à anneaux et le *sanko*; 5° Yoshino Jôwo Gongen, au milieu d'un groupe de divinités shintoïstes, parmi lesquelles Yennô-Guiôdja; dans le haut, une vue de la montagne de Yoshino et de son temple, entouré de huit dôji. Haut. 0,54.

686. — Très grand kakémono représentant la mort de Sakyamouni. Peinture sur soie. Haut. 1,97.

687. — Très grand kakémono, même sujet que le précédent. Peinture sur soie. Haut. 2,73.

688. — *École de Kano.* Le Sennin Jitokou tenant son balai. Peinture cursive à l'encre de Chine, d'une exécution très large. Kakémono papier. Haut. 0,76.

689. — *École de Toça.* Paire de paravents à six feuilles représentant un vaste paysage avec fond de montagnes, où s'élèvent des constructions variées, temples, châteaux, etc., et qu'animent des scènes à très nombreux personnages : cérémonies religieuses, courses de chevaux, tir à l'arc, représentations musicales, etc. Pièces capitales où toutes les scènes sont groupées avec un sentiment parfait de la vie familière et du mouvement, sans que la délicatesse et la précision du dessin nuisent au somptueux effet décoratif de l'ensemble. Peinture sur papier, à la gouache, sur fond nuagé d'or. Haut. 1,76.

690. — Paravent à six feuilles représentant un groupe de quatre vieillards se dirigeant vers un pavillon où les attend un jeune seigneur entouré de ses serviteurs. Peinture d'un beau caractère à la gouache en tons clairs sur papier poudré d'or. Haut. 1,75.

691. — Paravent bas à six feuilles : groupes d'enfants jouant dans un jardin et sur le seuil d'un palais. Peinture sur papier, fond or.

692. — Groupe de faisans et de passereaux au milieu des pivoines. Style chinois. Kakémono soie. Haut. 0.88.

693. — Grand kakémono représentant un couple d'oiseaux de Hô sur un cerisier fleuri. Peinture sur soie. Haut. 1.58.

694. — *École de Soukénobou.* Fête populaire dans la campagne. Sur le rivage de la mer planté d'érables et de cerisiers, des groupes d'hommes et de femmes dansent et festoient, tandis que deux barques chargées de personnages se préparent à accoster. Kakémono soie en largeur. Larg. 0,74.

695. — *Oukiyo-Yé.* Scène de danse et de musique à l'intérieur d'un palais. Au premier plan, un groupe de femmes et d'enfants jouent au volant : dans le fond, des personnages sont assis, jouant au gô, recevant des audiences, ou contemplant, dans la cour intérieure, les évolutions de quatre cavaliers. Peinture gouachée sur papier. Grand kakémono en largeur. Larg. 0,82.

696. — *École d'Okomora Massanobou.* Couple assis dans un jardin sous un cerisier en fleurs, la femme tenant un livre ouvert, le jeune homme bourrant sa pipe. Kakémono papier. Haut. 0,63.

697. — *Oukiyo-Yé.* Jeune femme portant son enfant, celui-ci jouant avec une bouteille en verre dont la mère tient le goulot dans sa bouche. Kakémono papier. Haut. 0,98.

698. — *Style de Yeichi.* Courtisane debout, nouant sa ceinture. Peinture sur soie en rouge, noir et blanc. Kakémono. Haut. 0,72.

699. — Vue d'un torrent entouré de hautes montagnes et traversé par un pont que franchit un cortège de pèlerins. Panneau papier. Long. 0,90. Signé : *Hok'saï.*

700. — *Tëïçai* (*Hokouba*). Vue de la Soumida, avec, au premier plan, deux courtisanes dans une barque. Kakémono soie. Haut. 1,08.

Signé : *Tëïçai.*

701. — Deux makiyémono, l'un à sujet de cortèges seigneuriaux dans un paysage, l'autre représentant des cavaliers armés de l'arc et accompagnés chacun d'un serviteur.

702. — Très grand kakémono représentant l'apparition de Daï-Nitchi dans un palais. Groupés dans les salles et dans la cour, une multitude de seigneurs et de prêtres, en habits somptueux, s'agenouillent en adoration devant le Bouddha, tandis que des serviteurs, en dehors de l'enceinte, contemplent le miracle. Peinture sur soie en or et couleurs vives. Larg. 1,20.

703. — Très grand kakémono représentant la façade latérale d'une chapelle, brillamment enluminée d'un décor de divinités, de fleurs et d'oiseaux, de mascarons, etc. Peinture sur papier. Haut. 1,20.

704. — Quatre peintures sur soie montées en panneaux et représentant : 1° Couple de faisans sous les cerisiers en fleurs ; 2° Canards dans les roseaux ; 3° Corbeaux auprès d'un pin et d'une lanterne de temple ; 4° Glycines au-dessus des eaux où nagent des carpes et des cyprins. Haut. 1,67.

ÉVREUX, IMPRIMERIE DE CHARLES HÉRISSEY

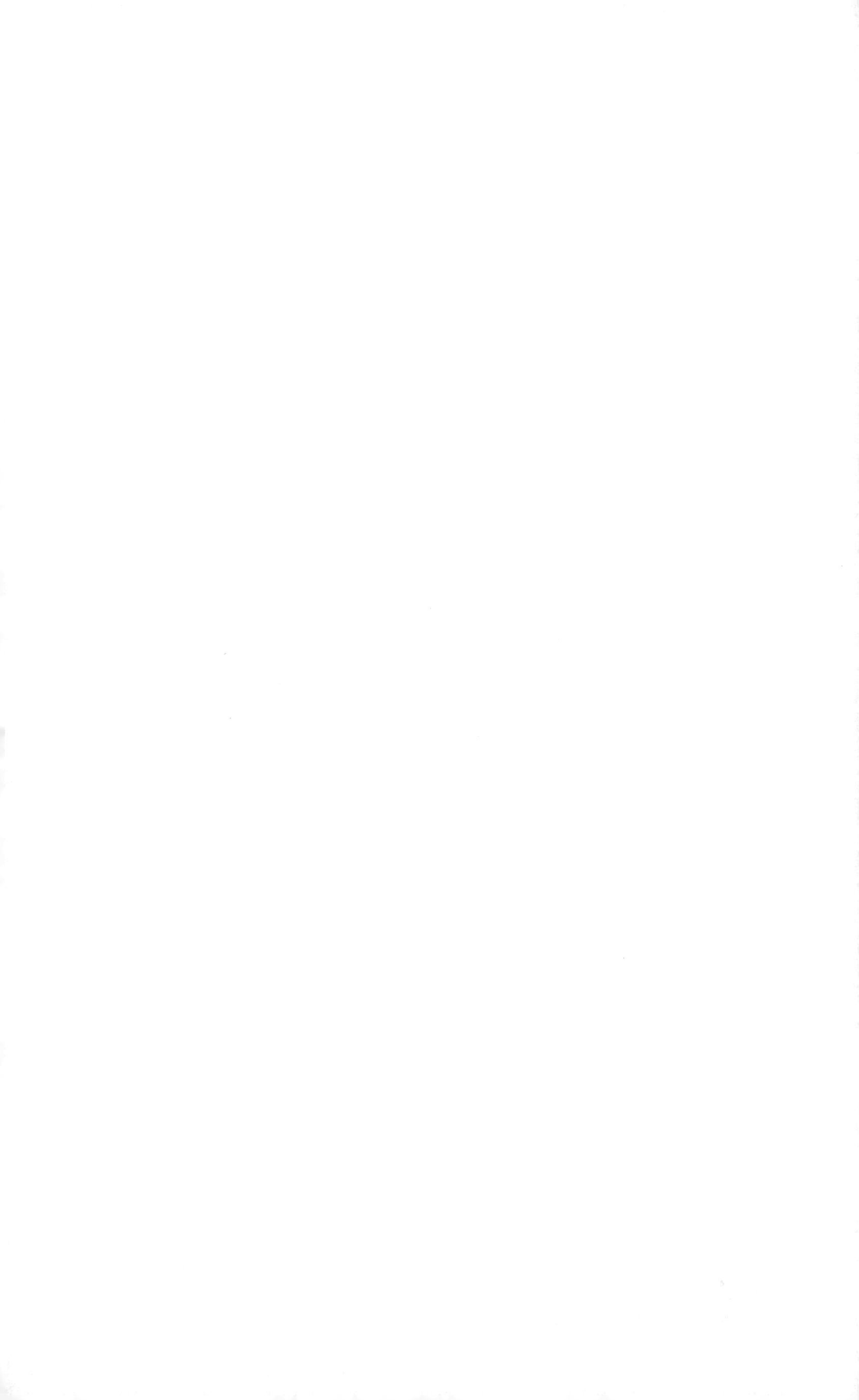

www.ingramcontent.com/pod-product-compliance
Ingram Content Group UK Ltd.
Pitfield, Milton Keynes, MK11 3LW, UK
UKHW021538260726
13993UKWH00002B/553

9 782329 543611